MY
JOB
나의 직업

어쩌면 당신의 시선

CONTENTS

Part One

History

Part Two

Who & What

Part Three

G e t   a   J o b

Part Four

R e f e r e n c e

Part One

History

아주 옛날 인간에 있어서 가장 중요한 것은 생존, 즉 살아남는
것이었다. 약육강식의 자연환경에서 살아남는다는 것은 최종의
목표이자 최고의 목표였다. 그래서 튼튼한 신체적 조건과 이를
바탕으로 한 모든 육체적 활동은 생존경쟁에 꼭 필요한 것이었고
그들의 이러한 활동은 다음 세대에게도 자연스럽게 이어져갔다.
그들에게 있어서 이러한 활동 자체가 바로 삶을 살아가기 위한
수단으로서의 본보기가 되면서 생존을 위한 가장 효과적인
교육이 되었다. 스포츠는 이렇게 인간의 생존을 위한 수단으로서
그 모습을 처음 나타내게 된다.

하지만 오늘날은 이러한 것들이 생존을 위한
수단이라기보다는 현대인의 삶의 질을 높여서 건강하고 오래

© Pattani Studio

살기위한 목적으로 이용되고 있으며, 그 내용 역시 단순히 달리고
던지고 하는 것에서 벗어나 다양하고 세분화 되었다.

　나아가 이제 개인적으로는 여가선용이 아닌 웰빙과 같은
풍요로운 삶을 위한 복지수단과 행복지수 향상을 위한 활동, 한
국가와 기업으로는 중요한 경제 콘텐츠로서 그 역량이 점점
커지고 있으며 스포츠와 관련된 직업군도 다양하고 세분화되는
추세이다.

　어떤 의미에서 보면 사람이 살아가는 모든 활동이 스포츠일
수도 있다. 그러나 스포츠라는 말의 의미를 살펴보면 이러한 생활
속의 운동과는 조금 다르다는 것을 알 수 있다.

　스포츠라는 말은 서양 언어인데 그 본래 말의 뜻은 어디에서
어디로 옮겨간다는 말이다. 누구의 명령에 의해 가는 것도 아니고
일하기 위하여 가는 것도 아닌, 그냥 돌아다니는 것을 말한다.
그러면 기분이 한결 좋아지고 유쾌해지는 것이다. 그래서 아무런
생각 없이 아무런 부담 없이 가벼운 마음으로 기쁘고 즐겁게
이리저리 돌아다니는 것을 sport라 했다. 이는 스포츠의 내면적
속성을 잘 나타내는 설명이다. 즉 스트레스를 떨쳐버리는 운동을

말한다고 생각하면 된다. 이렇게 되면 우리는 운동과 스포츠가 약간 다르다는 것을 금방 알 수 있을 것이다. 운동은 스포츠를 포함한 보다 넓은 의미를 가진다. 운동은 몸을 움직이는 모든 행동을 포함할 수 있다. 그런데 스포츠는 이 운동 중에서 즐겁고 재미있는 것만을 지칭한다고 보면 된다. 그래서 스포츠라는 말을 처음으로 사용하기 시작한 프랑스에서는 승마를 스포츠라 했다고 한다. 우리가 사용하는 것처럼 널리 사용된 것이 아니었다. 이 승마를 뜻하는 스포츠라는 말은 프랑스를 벗어나 다른 나라로 퍼지면서 그 뜻이 바뀌었는데 17~18세기 쯤에는 야외에서 자유롭게 노는 활동이나 사냥을 의미하게 되었다. 자연을 상대로 자기가 좋아서 자발적으로 즐기는 놀이를 뜻했다고 보면 된다. 그 뒤 상류 문화와 결합되면서 놀이로서의 스포츠는 거의 수렵 활동만을 지칭하는 용어가 되었다.

이 스포츠와 비교되는 용어가 있는데 바로 '게임'이란 단어이다. 게임은 혼자서 또는 여러 명이 규칙을 정해 놓고 승패를 다투는 운동인데 귀족이 아닌 일반인들이 주로 했다.

그러다가 19세기 초에 신흥 부르주아들이 사회적으로 대두되면서 게임이 유행하게 되었는데 게임과 스포츠의 만남이 바로 근대 스포츠의 출발점이 된다. 그래서 오늘날 스포츠에서 차지하는 게임의 비중이 큰 것은 이러한 생태적인 과정에 이유가 있다.

우리나라의 전통 놀이와 스포츠를 보면, 삼국시대에 전통 씨름이 있었고, 신라는 활쏘기(화랑도), 여자들은 잠실 뽑기가 있었다. 백제는 영국의 필드하키와 비슷한 격구가 있었고 그 외에 축국, 투호, 그네뛰기, 널뛰기가 있었다. 또 전통 스포츠로 국궁이 있다. 국궁은 활쏘기로 양궁과는 구분되며 양궁의 경우 조준장치가 달려있지만, 전통 궁인 국궁에는 조준장치가 달려있지 않다.

그러나 우리나라의 근대 스포츠는 전통적인 무예나 놀이의

계승으로서가 아니라 서구 근대 스포츠의 수용과 발전이라는
맥락에서 이루어졌기 때문에 우리나라 근대사의 전개 과정과
무관하지 않다.

갑오경장 이후 우리나라는 민속적 놀이 형태에서 탈피하여
서양식 근대 체육 · 스포츠가 보급되어 발달하기 시작하였다.
그러나 일본의 침략으로 더 이상 발전하지 못하게 되었다.
그렇지만 비록 일장기를 가슴에 달았어도 한국인으로서는
최초로 마라톤에서 올림픽 금메달을 획득한 손기정 선수처럼
우수한 인재들은 민족의 울분을 스포츠를 통해 발산함으로
인해서 국민들의 마음을 달래주었다.

해방 이후 정부 수립과 함께 국제적으로 우호 · 친선 관계를
수립하는 매개체로서 스포츠는 다시 진흥을 꾀하고 발전하게
되지만 이 또한 6.25 한국전쟁으로 어려움을 겪게 되었다. 이후
경기단체를 중심으로 한 스포츠는 이어졌지만 일반 사회인과
청소년이 참여할 수 있는 스포츠는 도외시되어 버렸다. 다만,
그나마 학교에서 체육을 통해 유희와 레크레이션이 보급되고
보건교육 정도로 그 명맥이 이어진다.

이렇게 스포츠의 기원을 찾아 그 각각의 발전 과정을
음미해보면, 그 속에서 생활의 지혜 또한 찾을 수가 있다.

스포츠는 단순히 우리 몸만이 아니라 그 정신까지도 함께하기
때문이다.

© sportpoint

스포츠의 의미

스포츠라는 단어보다는 체육이라고 하는 단어가 더 가깝게 느껴진다. 아마도 어릴 때 학교에서 가졌던 운동시간의 추억 때문이기도 하려니와 체육이나 스포츠가 모두 운동을 통해서 튼튼한 신체를 만들거나 튼튼한 신체를 이용해 운동 실력을 높이는 것이기 때문이다.

좁은 의미에서 스포츠는 '전문체육'이라고 할 수 있다. 전문체육이란 선수들이 행하는 운동경기 활동을 말하는데 경쟁 체계를 그 특성으로 한다. 예를 들면 육상 · 축구 · 테니스 · 배드민턴 · 야구 · 배구 · 하키 등과 같이 종교와 인종의 벽을 넘어 다양한 종류의 종목과 그에 따른 경기운영 방식, 방법, 스타일이 공인된 경기규칙(Rule)과 표준화된 조건하에서 대결하는 신체적 경쟁과 활동으로 이해할 수 있다. 올림픽 경기와 같은 경기들을 생각하면 쉽게 이해가 될 것이다.

넓은 의미에서 스포츠는 '체육'이다. 체육이란 운동경기 · 야외 운동 등 신체 활동을 통하여 건전한 신체와 정신을 기르고 여가를 선용하는 것을 말한다. 서로 경쟁적인 경기를 포함한, 실내 뿐 아니라 실외에서의 활동, 체조, Dance 등 모든 Play를 말한다. 즉, 신체를 활용한 모든 움직임을 넓은 의미에서의 스포츠라고 할 수 있다.

스포츠라는 말은 라틴어의 dispotare(또는 deportare)에서 비롯되었다. di는 분리(away), port는 나르다(carry)라는 의미이다. 스포츠는 기본적으로 기분전환(diversion)이나 즐거움(enjoyment)이라는 의미를 가지고 있으며, 유희(recreation, pastime), 재미, 놀이(play), 오락을 목적으로 확정된 규칙에 의해 신체적. 정신적 움직임을 수반하는 게임이나 경기(contest)에 참여하는 것을 의미한다.

그러나 오늘날 스포츠라는 것은 한마디로 말하기가 쉽지 않지만 일종의 놀이를 뜻하는 유희성과 경쟁성, 그리고 운동

© Robert Nyholm

개념의 신체활동이 있을 때 스포츠라고 말할 수가 있다. 이러한 스포츠의 의미나 범위는 나라마다 약간씩 다르고 역사적, 사회적으로도 영향을 받아 계속 변화하고 있다.

스포츠산업진흥법(제2조 제1호)

'스포츠'라 함은 건강한 신체를 기르고 건전한 정신을 함양하며 질 높은 삶을 위하여 자발적으로 행하는 신체활동을 기반으로 하는 사회문화적 행태를 말한다.

인간 생활에서 교육의 형태로서 가장 오래된 것이 바로 체육,
스포츠이고 많은 사람들에 의해 여러 가지 목적으로 사용되어
왔다. 예를 들면 신체적 건강과 균형을 위한다거나 교육, 예술,
정치, 종교, 미학적, 레크레이션의 수단으로 이용된다거나 군사적
목적으로 혹은 풍습, 습관, 제도, 놀이 등 지역의 특성연구,
체육 · 스포츠에 대한 가치의 경험 등 여러 목적을 결정지을 수
있다.

하루 종일 힘들게 일을 하면서도 퇴근 후 혹은 저녁 시간에
자신이 좋아하는 축구나 야구를 할 수 있다면, 혹은 볼 수 있다면,
일을 하면서 겪게 되는 노동이나 스트레스를 이겨낼 수 있는 것과
같다.

스포츠라는 사회 현상은 현대 사회에서 여가 활동의 대폭적인
증가로 말미암아 놀이. 게임 및 여타의 체육 활동을 모두
포괄하는 다양하고 복합적인 의미를 지닌다. 이러한 광의의
스포츠는 현대 사회의 합리화, 제도화 및 세속화 과정 속에서
하나의 사회 제도로 정착되고 있는 추세에 있다.

현대 사회의 중요한 활동 양식으로서 스포츠는 생활 양식, 계층
구조, 정치 행위, 경제 활동, 그리고 국제 관계에 까지 깊고 넓게
스며들고 있다. 문화 연구의 한 분야로서 스포츠에 대한 연구는
이제 일과 레저라는 이분법적 구분에 의한 열등한 위치에서
벗어나 정치. 경제. 사회. 문화 전반적인 요소와 연결 지어 연구할
필요성이 있을 것이다.

경제의 발전은 소비자들에게 물질적인 풍요로움을 제공하였고
다양한 사회, 문화적 활동을 통해 자아를 실현하고자 하는 욕구를
불러일으켰다.

이러한 자아실현의 수단으로서 오늘날 스포츠가 각광 받게
되었는데 이는 여가시간의 증대와 라이프스타일의 변화, 건강에
대한 관심의 증대가 현대 생활에서 스포츠의 위치를 더욱 공고히
하는 계기가 되었기 때문이다.

　오늘날 우리 사회의 빠른 경제 성장과 과학, 기술의 발전으로
과거와는 비교할 수 없는 여유 있고 풍족한 생활을 하고 있다.
이와 더불어 인간은 누구나 건강한 신체와 정신으로 활력 있고
보람 있는 생활로 평생을 영위하고 싶어 한다. 그러나 우리
주위에는 건강을 저해하는 많은 요인이 자리 잡고 있다.

　일상생활과 사회생활 전반에 걸친 기계화와 자동화로 운동의
기회를 박탈당하고 각종 스트레스, 식생활의 불균형, 절제하지
못하는 생활 등의 부작용으로 체력을 저하시키고 성인병을
발생시킴으로써 건강에 적신호를 밝히고 있는 것이다. 그러나
이런 여러 가지 질병은 적당한 운동과 휴식, 영양 섭취 등으로
예방할 수 있으며 스포츠를 통하여 체력을 향상시킴으로써
건강을 증진시킬 수 있다.

웰빙과 스포츠

지금은 흔한 단어가 되어버린 웰빙(Well-being), 처음에 단순히 건강에만 초점을 맞추었던 웰빙은 점차 우리 생활 전반에 영향을 주어, 이제는 단순히 '잘 먹고 잘 살자'가 아니라 어떻게 하면 더 정신적으로나 육체적으로나 건강하고 오래 살 수 있는지를 생각하게 되었다.

그러다 보니 점차 일회용품을 줄이고, 천연제품을 사용하고, 쓰레기를 줄이고, 화학용품이나 제품을 줄이게 되었으며 더 나아가 지구 온난화가 더 이상 진행되지 않게 하기 위한 노력들로 이어졌다.

또한 나 혼자만이 아니라 내 가족, 내 이웃, 내 나라 더 나아가 이 지구상에 살고 있는 모든 생물체가 어떻게 하면 서로 더불어 잘 지낼 수 있을까를 고민하게 되는 시점까지 왔다.

웰빙(참살이-우리말)은 넓은 의미로 행복, 삶의 만족, 질병이 없는 상태를 말한다. 19세기에 등장한 채식주의, 생태주의를 비롯하여 20세기 후반에 나타난 슬로우푸드 운동이 이에 속한다. 우리나라에는 들어온 것은 1990년대이지만 본격적으로 등장한 것은 2000년대 이후 대중매체를 통해 '웰빙족'이 등장하면서이다.

웰빙의 개념이 이때 도입되었는데 황사, 광우병, 사스(SARS: 급성호흡기증후군), 조류독감 등의 환경 재해와 비만으로 인한 질환 등과 겹치면서 건강과 먹거리에 대한 관심이 높아져질병 없는 생활을 추구하는 건강하고 행복한 삶의 개념으로 사회 속에 자리 잡게 되었다.

예를 들면, 자연의 소리를 들으며 명상을 하는 것, 요가를 하면서 친환경 유기농식품을 먹는 것, 체육관과 같은 폐쇄된 곳이 아닌 자연과 함께하는 스포츠를 즐긴다던가, 스포츠 센터를 건립하면서 여가시설을 도입한다던가 하는 것이다.

2008년 여주군 도자기 축제장에서는 군민 웰빙 걷기대회를 열었다. 또 2012년 영주 풍기 인삼축제에서는 인삼을 캐고 건강도 캐는 웰빙 체험장을 열었다. 이처럼 웰빙과 건강은 현대인의 생활 곳곳에 파고들어 사회적 가치로 승화되었다.

스포츠는 이러한 시대적 요구에 딱 부합하는 아이콘이다. 특히 많은 현대인들이 문화로 말미암아 또는 일상 업무로 말미암아 받는 스트레스는 많은 질병의 원인으로 작용하는데 스포츠는 이 스트레스를 극복하는 효과적인 방법 중 하나이다.

그런데 사람들은 스포츠를 통하여 웰빙을 이루려 는데에 만족하지 않고 아예 웰빙스포츠라는 것을 만들어냈다. 웰빙과 스포츠가 결합하여 자연과 함께 하는 스포츠라는 의미의 웰빙스포츠가 등장한 것이다. 이는 실내에서가 아니라 주로 실외에서 즐긴다는 특징이 있는데 수렵과 권총(pistol), 클레이(clay), 라이플 사격(rifle), ATV(4륜 오토바이) 등과 같은 친환경적인 스포츠로 날이

갈수록 참여가 더욱 활발해지고 보편화되어 가고 있다.

건강한 삶을 살자는 웰빙에 대한 욕구가 건강한 신체와 건강한 정신을 동시에 추구할 수 있는 스포츠로 확산되어 오늘날에 스포츠는 일상 생활의 일부로서 당연히 받아들이는 풍토이다. 여기에 더하여 아로마 테라피(향을 이용한 심리요법), 컬러 테라피(색을 이용하는 심리요법)와 같은 심신을 안정시키는 자연요법에 대한 관심도 늘어났다.

앞으로 심화되는 환경오염과 새로운 질병의 발생, 그리고 고령화 사회로의 진입에 따라 웰빙과 스포츠를 컨셉으로 하는 웰빙여행 전문컨설턴트, 레포츠 강사, 아로마 테라피 같은 향기전문가, 다이어트 컨설턴트, 운동처방사 등과 같은 직업들이 시대적 각광을 받고 성장할 것으로 보인다.

　현대 산업사회에서 전문화(professionalization)는 사회구조 전반의 변화와 맞물려 있는 거스를 수 없는 대세로 인식되고 있다. 국내 스포츠 산업은 1982년 프로야구와 프로축구가 출범하면서부터 급속한 발전을 가져오기 시작하여 현재 우리나의 프로 스포츠는 야구, 축구, 농구, 권투, 레슬링, 골프 등 6개 종목이 운영되고 있다.

　프로스포츠는 관중이 선수들의 경기 모습을 보고 일상생활에서 쌓인 스트레스를 해소하고 그 대신에 요금을 지불하는 스포츠 흥행 산업으로서 관중은 소비자가 되며, 선수는 생산자로서 존재하는 것이다.

　오늘날의 프로스포츠는 선수들의 활약을 통하여 일반인들의 대리만족감을 충족시켜주는 산업으로서 기본적으로 관중, 경기장소, 선수 등의 세 가지 요소가 갖추어져야 한다. 그런데 이 중에서 가장 중요한 것은 관중으로써 관중이 없는 프로스포츠는 존재할 수 없다.

그래서 관중의 지지도는 바로 선수들의 생명과 직결되며 선수들이 받는 연봉에 직접적인 영향을 미친다. 즉 선수들의 실력과 인기는 곧장 상품 가치로 환산되어 계약금이나 연봉으로 책정된다. 일반적으로 보통 급여생활자의 몇 년치 연봉을 계약금으로 지급 받고 동년배의 일반 직장인에 비하여 몇 배의 연봉을 지급 받는 프로스포츠 선수들은 분명 현대 스포츠 문명이 낳은 선택받은 직업인이라고 할 수 있다.

〈전문 스포츠인이란?〉

전문 스포츠인이라고 하면 선수, 지도자, 감독이 먼저 떠오르는데, 스포츠에서 전문 인력이라고 하면 손흥민과 같이 세계무대에서 뛰는 유명 축구스타는 물론이고 선수라고 자칭하는 모든 프로 및 세미프로 선수, 실업팀 선수를 말한다.

또한 이들을 이끄는 감독 코치와 심판은 물론이고 일반인들에게 스포츠를 보급하는 생활체육지도자, 학교 체육교사도 전문 인력이라고 한다.

이러한 전문 스포츠인들, 즉 경기 감독 및 코치, 운동선수, 경기 심판 및 경기 기록원, 레크레이션 진행자 및 스포츠강사, 기타 레저 및 스포츠 관련 직업인들은 미래사회에서도 지금과 같은 비중과 역할을 할 것이며 별로 변함없이 대중들과 함께 어울려 열심히 살아갈 것이다. 아니 오히려 지금보다 더 인기를 누리며 살 수도 있을 것이다. 왜냐하면 스포츠는 인간만이 누릴 수 있는 고도로 문화화된 산업이기 때문에 갈수록 더 발달하기 때문이다.

이들 스포츠인들은 운동과 관련한 전문적 지식을 지닌 사람들이라 할 수 있는데 그 핵심은 각 종목의 수행 방법, 운동 관련 규칙과 진행 방법, 고도의 운동 수행을 발휘할 수 있는 기술, 운동의 효과, 운동을 가르치는 방법, 경기대회의 관리와 조직화 기술 등이다. 말하자면 규칙화, 제도화된 틀 안에서 경기를 펼치고 승부를 결정하는 약속들에 관한 지식이다. 이러한 지식은 체육학과에서 주로 가르치는데 오늘날 모든 프로 경기는 물론이고 동네 골목 스포츠까지 이 지식의 범주 내에서 이루어지고 있다. 그리고 스포츠 산업도 이를 바탕으로 전개되며 다른 산업과 마찬가지로 전문성이 요구된다. 하지만 스포츠 산업에 있어서 전문적 지식과 경험은 다른 어떤 산업보다도 중요한 자산으로 인정되며 그 값어치를 가진다.

이처럼 스포츠인들은 그들의 능력 자체가 금전적 가치를

지니기 때문에 선수 1명이 움직이는 기업이라 할 정도로
스포츠인들의 일거수일투족 모두 돈과 연결된다. 그래서 선수의
부상은 이들에게 치명적인 것으로 선수한 개인의 문제가 아니고
기업처럼 그 선수를 둘러싸고 있는 집단의 문제로 비화한다.
그래서 선수들은 철두철미하게 관리를 받는다. 선수를 관리하는
사람들 역시 스포츠 전문 인력이다. 바로 스포츠 에이전트 또는
스포츠 마케팅회사들이다.

　이러한 스포츠 관련 전문 인력들은 새로운 스포츠 시장을
재빠르게 분석하여 그들의 요구를 충족시켜줄 다양한
아이디어를 만들어 낸다. 말하자면 이러한 스포츠 에이전시들에
의해 새로운 스포츠 상품이 개발된다는 것이다. 따라서 이들은
현재의 스포츠 시장뿐 만 아니라 미래의 스포츠 시장까지 꿰뚫어
볼 수 있는 예지력과 분석력을 가져야 한다.

© sportpoint

〈프로 스포츠 관련 활동 영역〉

　스포츠와 관련된 전문 직업의 영역을 나열해 보자면 가장 먼저
경기의 일선에서 승부에 직접 참여하는 프로 선수를 들 수 있고
이 선수를 훈련시키고 관리하여 경기에 참여하는 프로팀이 있을
것이다. 다음에는 이런 프로팀들을 운용하여 스포츠 비즈니스를
관리 운영하는 분야가 있을 것이며, 경기를 규칙에 따라 운영하는
심판 업무 영역과 그 경기를 보도하고 홍보하며 이를 활용하여
새로운 상업적 가치를 만들어내는 스포츠 저널리즘이 있을
것이다. 그리고 선수들을 길러내고 심판과 경기지도자들을
교육시키는 업무 분야와 스포츠를 응용하여 생활 속으로
끌어들여 일상과 융합시킨 생활체육 또한 프로 스포츠업계에서
빼놓을 수 없는 분야다. 또한 스포츠와 관련된 용품을 만들고
판매하는 활동과 스포츠 관련 의학 분야가 있을 수 있다.

　■ 직업 선수 : 스포츠를 직업으로 가지며 프로팀에 소속되어
　　연봉을 받고 운동을 하는 사람들로 경기에 참가하여 직접
　　활약한다.

■ 프로팀 : 선수를 영입하여 훈련을 시키고 관리하며 경기를
한다.

■ 스포츠 에이전시 : 선수들의 매니저 역할을 하며
프로팀으로의 이적 및 영입을 협상하고 경기 이벤트를
기획하여 운영하는 등 스포츠산업의 핵심적인 인력이다.

■ 심판 : 경기의 규칙을 잘 알고 일정한 교육을 받아야 심판이
되는데 경기를 원활하게 운영하는 경기 진행자들이다.

■ 스포츠 저널리스트 : 경기를 중계 방송하며 해설을 하고
경기의 흥을 돋우는 한편 스포츠의 상업적 효과를 만들어내는
역할을 한다.

■ 교육 : 운동 선수들을 교육시키고 훈련시키는 일을 전담하는
사람들로서 학교나 훈련기관 또는 프로팀에 소속되어
선수들의 기량을 키우는 역할을 한다.

■ 생활체육지도자 : 주로 체육시설업에 배치될 인력으로
에어로빅이나 검도, 아쿠아스포츠 등 특정 종목을 가르치는
인력을 공급할 필요성 때문에 만들어졌는데 최근 '보디빌딩'
혹은 '체력 단련'을 지원하고 동시에 여러 종목을 넘나들며
개인의 체력단련을 위한 상담과 지도를 한다.

■ 스포츠용품 산업 관련 자 : 스포츠와 관련된 여러 가지
제품들을 개발하고 유통하는 산업으로 첨단기술을 활용하여
활동의 기능성을 높이는데 주력한다. 의류 뿐 만아니라 신발 및
스포츠에 사용되거나 관련 있는 모든 용품의 생산과
판매로까지 확산되고 있다.

■ 스포츠 의학 관련 자 : 직접적으로는 경기 현장에서 일어나는 여러 가지 부상을 치료하고 응급처치하며 장기적으로는 선수들의 컨디션을 최고의 상태로 유지할 수 있도록 돌보는 의료 분야인데 치료보다는 예방 차원에서 일을 한다.한편 물품이 한 나라에서 다른 나라로 운송되었을 경우에 그 나라가 조약당사국이 아닌 때에는 원조약 또는 개정조약의 국제운송의 범주에 포함되지 않으므로 이를 비협약운송이라 하여 비국제운송규칙이 적용된다. 이 규칙은 개정조약의 조항과 유사하며 소수조항에서 차이가 있을 뿐이다.

기업과 스포츠의 연관성

스포츠는 인종이나 성별, 계급, 나이 등에 상관없이 누구나 참여할 수 있으며 이를 통해 동질화 될 수 있고 국민 전체가 단결할 수도 있다. 이런 특성으로 인해 스포츠는 사회적으로도 긍정적인 이미지를 갖는다.

또한 스포츠는 세계 시장에서 언어와 문화의 장애를 극복할 수 있게 해주는 다리는 역할을 한다. 그래서 많은 기업들이 자사의 이윤을 높이고 소비자의 이해와 지지를 획득하기 위한 커뮤니케이션 전략으로써 스포츠를 이용하고 있으며 이러한 추세는 갈수록 심화되고 있다.

기업이 스포츠를 마케팅에 활용하는 방법은 다양하다. 광고의 소재로 활동하는 것에서부터 올림픽이나 월드컵과 같은 국제적 스포츠 이벤트에 스폰서로 참여하기도 하고 스포츠 팀이나 선수를 후원하기도 한다.

이와 같이 기업이 현금이나 물품 혹은 노하우, 서비스를 운동선수나 팀, 연맹, 협회, 스포츠 행사에 조직적으로 제공함으로써 마케팅의 여러 가지 목표를 달성하는 경영방식을 스포츠 마케팅이라고 한다.

스포츠 마케팅은 스포츠 자체나 스포츠 관련 상품, 서비스에 대한 마케팅으로서 스포츠 협회가 보다 많은 관중이나 회원을 확보하기 위해 펼치는 활동이나 스포츠 용품 제조회사가 스포츠 용품이나 시설 및 프로그램 등을 판매하기 위해 벌이는 마케팅 활동을 일컫는 스포츠의 마케팅(Marketing of Sports)과 스포츠를 촉진수단으로 이용하는 스포츠를 통한 마케팅(Marketing through Sports)으로 양분되는데 일반적으로는 스포츠를 통한 마케팅을 스포츠 마케팅이라고 한다.

특히 올림픽이나 월드컵과 같은 국제적인 규모의 스포츠 이벤트에 참여하는 것은 기업과 제품의 이미지를 단 시간 내에 세계적인 수준으로 향상시킬 수 있는 기회가 된다.

우리나라의 경우도 '86 아시안 게임과 '88 서울 올림픽을

계기로 스포츠 마케팅에 대한 인식이 확산되고 스포츠 마케팅의
효과에 대한 논의가 활발하게 이루어 졌다.

　　이처럼 스포츠가 오늘날 현대인의 생활 속으로 깊숙이
파고들자 이를 이용하여 소비자들에게 닥아가려는, 그래서
이윤을 만들어내려는 기업의 목적과 스포츠를 통하여 자신의
역량을 발휘하고 스포츠를 경제적 수단으로 삼는 스포츠
관련자들의 욕구가 합쳐져 오늘날 기업과 스포츠는 불가분의
공생 관계에 놓이게 되었다.

스포츠 산업이란 스포츠와 관련된 경제 활동을 말하는데 스포츠 활동에서 요구되는 용품과 장비, 스포츠 시설과 서비스, 스포츠 경기, 이벤트, 스포츠 강습 등과 같이 유·무형의 재화나 서비스를 생산·유통시켜 부가가치를 창출하는 산업이라 정의하고 있다.

이는 크게 3가지 유형으로 나누어 볼 수 있는데 경기를 통하여 관객들에게 즐거움을 주는 스포츠 서비스업이 있고, 스포츠와 관련된 여러 가지 용구를 만들어 파는 스포츠 용품업, 그리고 스포츠 시설업이다. 우리가 통상적으로 스포츠 산업이라고 하면 이 3가지를 모두 합친 것을 말한다.

오늘날 스포츠는 몇몇 국가에 국한하여 통하는 것이 아닌, 전 세계로 통할 수 있는 커뮤니케이션의 통로이자 수단으로 한 국가 이미지 향상에까지 영향을 미친다. 이러한 국가의 이미지는 국제시장에서 자기 나라 제품의 이미지로 이어지고 이는 곧 상품의 경쟁력으로 나타난다. 상품의 경쟁력은 한 국가의 경제 발전에 있어서 중요한 견인차 노릇을 하게 된다.

그래서 선진산업국들은 많은 돈을 들여서 국제 스포츠 행사를
자기 나라에 유치하려고 노력한다. 1964년 동경 올림픽을 유치한
후 급격한 경제 발전을 이룩한 일본의 사례는 스포츠 마케팅이 왜
중요한 지를 잘 보여주는 사례이다.

스포츠 마케팅의 전제 조건은 바로 자국의 스포츠 산업이다.
스포츠산업이 발달하지 않은 곳에서는 스포츠 마케팅 자체가
별다른 의미를 가지지 못한다. 스포츠 산업은 다른 어떤 산업보다
고부가가치 산업으로의 성장 가능성이 무한하며, 특히 경제가
발달할수록 삶의 질이 향상되고 건강과 여가활용에 대한 관심이
늘어날수록 더욱 발전할 것으로 예상된다.

이러한 시대적 추세에 발맞추어 우리나라는 엘리트 체육
발전을 위해 정책적으로 지원을 계속하고 있으며 우수한 스포츠
인재 육성을 위하여 학교의 운동 경기부와 체육계 학교의 육성을
지원하고 있다. 또한 우수 선수를 선발하기 위해 체계적이고
과학적인 육성정책을 정부 차원에서 추진하고 있다.

이러한 시책의 일환으로 전문 체육 분야의 코치에 해당하는
스포츠지도자를 대상으로 공인자격을 부여하고 있는데,
2010년에만 1,880여명의 스포츠지도자가 새로 자격을 부여받는
등 매 해마다 천 명 이상의 스포츠지도자가 양성되고 있다. 이는
스포츠 산업 육성에 있어서 근간에 해당하는 일로서 농사를 지을
농부를 확보하는 것과 같은 의미라 할 수 있다. 즉 좋은 농부가
있어야 농사를 잘 지을 수 있는 것처럼 훌륭한 스포츠인을
양성하는 데에도 그러한 능력이 있는 전문가가 필요한 것이다.

최근 학교 운동부의 잦은 대회 출전으로 인한 수업 결손, 학생
선수 폭력 및 체육 특기자 입시 비리 등이 사회적 문제로
떠오르면서 문제 해결책으로 학교 운동부 지도자의 자격을
경기지도자 또는 체육 2급 정교사 이상의 자격자로 제한하기로
한 것은 바로 그러한 취지에서 이루어 진 것으로 훌륭한 교사
밑에서 훌륭한 학생이 자라나기 때문이다.

2020년 기준 스포츠 산업
시장 규모

국내 스포츠산업의 규모
는 연간 52조 원으로서 국
내총생산(GDP)의 2.7%
를 차지하는 것으로 추
정.(2017년 약74조원에
서 줄어들었는데, 이는 코
로나19 바이러스에 의한
일시적인 현상으로 보고
있다)

미국의 스포츠 산업 규모
는 5,528억 달러(약 613
조원), 영국 373억 파운드
(약 59조원), 일본 11조 4
천억엔(약 125조원), 독일
774억 유로(약 96조원)의
규모로 추정.

현재 학교 운동부 지도자의 55% 정도만이 자격을 갖춘 것으로 조사되었으니 향후 스포츠지도사 자격 취득자의 수는 더욱 증가할 것으로 보인다. 이와 함께 이제까지 계약직 신분으로 근무환경이나 보수가 열악했던 학교 운동부 지도자의 처우 또한 개선될 것으로 보여진다. 이는 정말 바람직한 일로서 스포츠 산업 발전의 원동력이 될 것이다.

이제 스포츠는 사회와 동 떨어진 어떤 한 분야가 아니라 생활과 밀접하게 어우러진 생활 스포츠로 변신하여 우리에게 다가오고 있다.

스포츠 산업의 특성

■ 스포츠 산업은 스포츠 제조업이라는 2차 산업과 스포츠 서비스업이라는 3차 산업이 공존하는 복합 산업이다.

■ 스포츠 산업의 서비스 분야는 적절한 장소와 시간대에 많이 의존하는 산업이며 해양스포츠나 스키와 같은 운동은 특수한 공간에서만 행할 수 있는 등 공간적 특성에 많이 제약을 받는다.

■ 스포츠 산업의 발전은 경제성장에 따른 노동시간의 감소와 역비례하는 시간 소비형 산업이다.

■ 스포츠 산업은 재미가 특성으로 즐기는 여유있는 삶과 맥락을 같이한다.

■ 감정을 정화 또는 순화 시키는 감성산업으로 건강을 가져다 준다.

프로 스포츠 단체의 종류와 현황

'체육 단체'란 체육에 관한 활동이나 사업을 목적으로 설립된
법인이나 단체를 말하고, '경기 단체'란 특정 경기 종목에 관한
활동과 사업을 목적으로 설립되고 대한체육회나
대한장애인체육회에 가맹된 법인이나 단체 또는
문화체육관광부장관이 지정하는 프로 스포츠 딘체를 말나.

프로 스포츠는 참가하는 선수들의 욕구 충족을 위한 아마추어
스포츠와는 달리 관객을 위한 스포츠다. 관객들에게 경기를
보여주는 대신에 관람료를 받아 이를 생활의 수단으로 삼는
스포츠인을 우리는 프로 스포츠인이라고 한다.

바로 스포츠 서비스업에 종사하는 사람들이라고 할 수 있다.

우리나라에서 처음 프로스포츠가 등장한 분야는 권투와
레슬링이었다. 이후 경제성장과 정부의 엘리트 스포츠인 양성
정책에 힘입어 야구, 배구, 농구, 축구 등으로 확대되었다. 그 결과
현재는 축구, 야구, 농구(남 · 여), 배구(남 · 여), 골프(남 · 여), 권투
등 6개 종목에 (사)한국프로축구연맹, (사)한국야구위원회,
(사)한국농구연맹, (사)한국여자농구연맹, (사)한국배구연맹,
(사)한국프로골프협회, (사)한국여자프로골프협회,
(재)한국권투협회, (사)한국권투위원회 등의 프로단체가
조직되어 있다.

2022년 현재 4대 프로스포츠 종목별로는 축구 23개 구단, 야구
10개 구단, 배구 14개 구단(남 7, 여 7), 남자농구 10개 구단,
여자농구 6개 구단 등 총 63개 구단으로 운영되고 있으며
1,000만 명의 관중을 자랑하고 있다.

〈프로 야구〉

한국 프로야구는 1982년 동대문 야구장에서 MBC와 삼성의
개막전을 시작으로 세계에서 5번째로 출범하였다. 당시는 MBC
청룡(서울), OB베어스(대전,충청), 삼성 라이온즈(대구,경북), 롯데
자이언츠(부산,경남), 해태 타이거즈(광주,전남,전북), 인천의 삼미
슈퍼스타즈(인천,경기,강원) 등 총 6개 팀으로 시작하였으며, 이후
2008년 베이징 올림픽에서 우승하는 등 꾸준히 변화를 거치며
2022년 현재 10개 구단의 팀이 프로야구 경기를 이끌고 있다.

〈프로야구 구단(2022년, 10개 구단)〉

구단	창단연도	연고지
삼성 라이온즈	1982년	대구
두산 베어스	1982년	서울
롯데 자이언츠	1982년	부산
한화 이글스	1986년	대전
LG 트윈스	1990년	서울
KIA 타이거즈	2001년	광주
키움 히어로즈	2008년	서울
NC 다이노스	2011년	창원
KT 위즈	2013년	수원
SSG 랜더스	2021년	인천

© Maxisport

〈프로 축구〉

　1980년 '할렐루야' 축구팀을 시작으로 출범한 우리나라 축구는
1983년 5개팀으로 늘어나면서 프로 축구 시대의 막이 올랐다.
이후 한국 축구는 지속적인 발전을 이룩하면서 2002년 한일
월드컵 4강, 2010년 남아공월드컵 16강을 거쳐 2012년
런던올림픽 동메달을 따냄으로써 아시아 축구 강국으로 자리
잡았다.

　그 동안 1983년의 할렐루야, 유공, 포항제철, 국민은행, 대우 등
5개의 프로팀으로 시작한 남자 프로 축구는 오늘날 1부 리그
12개 팀, 2부 리그 11개 팀으로 총 23개 프로 축구팀으로
성장했다.

　또한 이들 프로축구 구단 산하의 K리그 주니어는 17개 구단이
활동하고 있다.

　2000년대에 들어서자 여자축구에 대한 관심이 많아지면서
2001년 한국여자축구연맹 창립되었고, 현재 8개팀으로
WK리그가 진행중이지만 프로리그가 아닌 실업리그이다.

〈프로축구 구단 K LEAGUE 1 (2022년 시즌, 12개 구단)〉

구단	창단연도	연고지
전북 현대 모터스	1994년	전주
울산 현대 축구단	1983년	울산
수원 삼성 블루윙즈	1995년	수원
대구 FC	2002년	대구
인천 유나이티드	2003년	인천
포항 스틸러스	1973년	포항
제주 유나이티드	1982년	제주
강원 FC	2008년	강원
FC 서울	1983년	서울
성남 FC	1989년	성남
김천 상무 프로축구단	2020년	김천
수원 FC	2003년	수원

〈프로축구 구단 K LEAGUE 2 (2022년 시즌, 11개 구단)〉

구단	창단연도	연고지
전남 드래곤즈	1994년	광양
광주 FC	2010년	광주
대전 하나 시티즌	1997년	대전
안산 그리너스	2016년	안산
부산 아이파크	1983년	부산
FC 안양	2013년	안양
서울 이랜드 FC	2014년	서울
부천 FC 1995	2007년	부천
충남아산 프로축구단	1996년	아산
경남 FC	2006년	밀양
김포 FC	2021년	김포

※ 창단연도와 연고지는 한국프로축구연맹 기준

〈프로 배구〉

  1916년 우리나라에 처음으로 소개된 배구는 스포츠라기보다는
놀이의 형태에 가까웠다. 그래서 일정한 규칙이 없이 편을 갈라
서로 공을 주고 받는 공놀이 수준이었다고 한다.

  그러던 한국의 배구가 2005년 남녀 각각 5개의 배구단으로
프로배구시대의 막을 올렸다. 주요 4대 프로 스포츠 중에서 농구
다음으로 최근에 와서야 프로의 세계로 뛰어들었지만 V-리그의
인기는 날로 높아가고 있다. 특히 국내 뿐만 아니라 전세계적
여자배구 스타인 김연경 선수의 활약으로 배구에 대한 관심도가
높아진 상황이다.

  현재 프로 배구단은 7개 남자팀과 7개 여자팀이 구성되어
V-리그를 치른다.

〈여자 프로 배구단 (2022년 시즌, 7개 구단)〉

구단	창단연도	연고지
GS칼텍스 서울 Kixx	1970년	평택
KGC인삼공사 프로배구단	1988년	대전
현대건설 힐스테이트 배구단	1977년	수원
흥국생명 핑크스파이더스	1971년	인천
한국도로공사 하이패스 배구단	1970년	김천
IBK기업은행 알토스 배구단	2011년	화성
페퍼저축은행 AI 페퍼스	2021년	광주

※ 창단연도는 전신구단 기준, 연고지는 현재구단 기준

〈남자 프로 배구단 (2022년 시즌, 7개 구단)〉

구단	창단연도	연고지
대한항공 점보스	1969년	인천
삼성화재 블루팡스	1995년	대전
KB손해보험 스타즈	1976년	구미
우리카드 우리WON	2013년	아산
현대캐피탈 스카이워커스	2005년	천안
한국전력 VIXTORM	1945년	수원
OK금융그룹 읏맨	2013년	안산

※ 창단연도는 전신구단 기준, 연고지는 현재구단 기준

〈프로 농구〉

1907년 한국 최초의 농구 경기가 YMCA에서 열린 이래로
1931년 조선농구협회가 설립되고 1948년에 대한농구협회로
명칭이 바뀌었다.

이후 한국의 농구는 장족의 발전을 하여 1984년 미국
LA올림픽에서는 여자 농구가 사상 처음으로 은메달을 차지하는
쾌거를 이루었다.

1997년 한국농구연맹, 1998년 한국여자농구연맹이
발족하면서 우리나라에도 프로 농구시대가 막을 올렸다.

오늘날 프로 농구는 남자팀 10개, 여자팀 6개가 프로 리그전을
치르고 있다.

〈남자 프로 농구단 (2022년 시즌, 10개 구단)〉

구단	창단연도	연고지
LG 세이커스	1994년	창원
현대모비스 피버스	1986년	울산
SK 나이츠	1997년	서울
KT 소닉붐	1996년	수원
한국가스공사 페가수스	1994년	대구
데이원스포츠	1996년	고양
KCC 이지스	1978년	전주
삼성 썬더스	1978년	서울
KGC 인삼공사	1992년	안양
DB 프로미	1996년	원주

※ 창단연도는 전신구단 기준, 연고지는 현재구단 기준

〈여자 프로 농구단 (2022년 시즌, 6개 구단)〉

구단	창단연도	연고지
삼성생명 블루밍스	1977년	용인
신한은행 에스버드	1986년	인천
우리은행 우리WON	1958년	아산
KB 스타즈	1963년	청주
하나원큐	1998년	부천
BNK 썸	2000년	부산

※ 창단연도는 전신구단 기준, 연고지는 현재구단 기준

국내 스포츠용품 산업 현황

스포츠 산업 중에서 특히 스포츠와 관련된 용구를 제조·생산·판매하는 활동을 스포츠용품 산업이라고 하는데 스포츠 산업에서 차지하는 비중이 아주 높다.

이는 다시 스포츠 제조업과 스포츠 유통업으로 구분된다. 스포츠 유통업에는 스포츠용품 제조·생산업, 스포츠용품 대여업, 스포츠용품 수리업 등이 있으며 스포츠 제조업에는 운동용품 제조업, 스포츠 의류 및 신발 제조업, 스포츠 음료 제조업 등이 있다.

스포츠용품 산업 중에서 운동 및 경기용품 제조업의 종사자 수를 살펴보면 섬유제품 및 의복 제조업의 비율이 50.2%로 가장 높은 것으로 조사되었다. 섬유제품 및 의복 제조업은 구명자켓, 구명벨트, 스포츠의류 제조 및 부분품으로 의류 제조 및 부분품의 규모가 상대적으로 크기 때문에 종사자 비율이 높은 것으로 판단된다.

운동 및 경기용품 제조업은 내수판매 비중이 높다. 각 품목별 비중을 살펴보면 스포츠 의류의 내수(매출) 비중이 57.8%로 가장 높은 것으로 나타났다. 이는 2015년 기준 조사에서도 스포츠 의류 내수(매출) 비중이 40.4%를 차지하여 지속적으로 경쟁력 있는 상품을 제조하고 있다고 판단할 수 있다. 기타의 경우 내수 비중이 24.6%를 차지하고 있지만 수입의 경우 56.5%에 이르고 있다. 이는 스키, 골프, 낚시, 캠핑용 장비, 자전거 등의 브랜드 선호도가 높은 제품일수록 수입에 의존하는

경향이 두드러지기 때문인 것으로 조사되었다.

기존의 스포츠웨어는 일반 의류와 별도의 시장을 형성하였으나 웰빙 열풍으로 운동복이 외출복을 대체(EXR, 일명 캐포츠룩)하였고 요가복, 휘트니스 운동복, 댄스복, 등산의류, 레저웨어 등의 판매량도 급증하는 추세이다.

이러한 스포츠용품의 값어치는 생산과정에서 만들어지는 것이 아니고 디자인과 마케팅에서 창출된다고 한다. 물론 기능적인 면도 중요하지만 고부가가치는 결국 디자인에 의존하는 상황이다.

따라서 외국의 유명 스포츠용품의 수출입 또한 활발하다.

국내 스포츠용품업의 종류

체력단련용 장비 제조업, 자전거 제조업, 낚시 및 수렵용 장비 제조업, 놀이터용 기구 제조업, 스포츠 응원용품업, 기타 운동 및 경기용품 제조업, 스포츠 의류 제조업, 캠핑용 직물제품 제조업, 스포츠 관련 직물제품 제조업, 스포츠 관련 의류부분품 제조업, 스포츠 가방 제조업, 스포츠 신발 제조업, 스포츠 관련 신발부분품 제조업, 운동 및 경기용구 도매업, 자전거 도매업, 스포츠 의류 도매업, 스포츠 가방 도매업, 스포츠 신발 도매업, 자전거 소매업, 스포츠 의류 소매업, 스포츠 가방 소매업, 스포츠 신발 소매업, 스포츠 관련 무점포 소매업, 운동 및 경기용품 임대업

스포츠용품 산업의 특성

■ 스포츠인의 안전과 활동의 기능성을 살리기 위하여 스포츠용품은 인체공학적 지식을 다양하게 응용한다.

■ 소득에 따른 수요 탄력성이 크다.

■ 수요자 계층 별로 선호도가 다양하다.

■ 유행에 민감하여 제품의 생명이 짧다.

■ 상품에 대한 이미지가 제품 판매에 영향을 많이 준다.

■ 제품이 수작업에 의존하는 부분이 많아 소량 생산체제를 갖춘 중소기업의 비중이 높다.

■ 디자인 개발이 중요하다.

■ 한 가지 용품에 다양한 소재가 필요하여 소재 공급에 대한 배려가 중요하다.

〈운동용구 수출입 현황〉

〈단위 : 천 달러〉

구분	2001년	2005년	2010년	2015년	2020년
수출	90,226	105,096	114,886	103,609	132,242
수입	272,442	436,217	592,137	637,846	966,944

스포츠 관련 체육시설 현황

   건강과 여가에 대한 관심이 증가하면서 직접 참여하는
스포츠에 대한 수요가 증가하고 있다. 과거에는 주로 스포츠를
관람하며 즐겼지만 점차 회사나 온라인, 지역의 스포츠 동호회에
가입하거나 골프, 스키, 수영, 헬스 등 각종 스포츠를 즐길 수 있는
시설을 찾는 등 생활체육활동에 직접 참여하는 사람늘이
늘어나고 있다. 이러한 현상 때문에 스포츠 센터를 비롯한 각종
체육시설이 증가하고 있다.
   스포츠 시설업 분야에서 2000년대 이후 전국의
등록체육시설(골프장업, 스키장업, 자동차경주장업),
신고체육시설(요트장업, 조정장업, 카누장업, 빙상장업,
종합체육시설업, 승마장업, 수영장업, 체육도장업, 골프연습장업,
체력단련장업, 당구장업, 썰매장업, 무도장업, 무도학원업),
공공체육시설(축구장, 체육관, 테니스당 등)이 계속 증가하면서
2004년도에서 2010년까지 6년간 약 35%정도나 증가했으며
이후 2020년까지 약 9% 더 증가한 것으로 나타났다.

©withGod

종목 별 체육시설 업체 수(2020년 기준)

- 골프장(514개)
- 당구장(15,845개)
- 무도장(55개)
- 카누장(4개)
- 승마장(144개)
- 레슬링도장(61개)
- 유도도장(579개)
- 무도학원(670개)
- 체력 단련장(9,574개)
- 실외 수영장(160개)
- 자동차경주장(8개)

- 스키장(18개)
- 썰매장(115개)
- 요트장(21개)
- 빙상장(35개)
- 권투도장(1,382개)
- 검도도장(693개)
- 우슈도장(110개)
- 태권도도장(9,931개)
- 실내 수영장(664개)
- 종합 체육시설(269개)
- 골프연습장(6,554개)

스포츠 시설업의 종류

- 기원 운영업
- 스키장 운영업
- 수영장 운영업
- 당구장 운영업
- 체육공원 운영업
- 실내경기장 운영업
- 체력단련시설 운영업
- 기타 스포츠시설 운영업
- 종합 스포츠시설 운영업
- 기타 수상스포츠시설 운영업

- 골프장 운영업
- 낚시장 운영업
- 볼링장 운영업
- 경주장 운영업
- 골프연습장 운영업
- 실외경기장 운영업
- 스포츠 무도장 운영업
- 스포츠시설 조경 건설업
- 스포츠 토목시설물 건설업

스포츠 산업 일반 현황

〈스포츠 산업 현황〉

구분	2017년	2018년	2019년	2020년
사업체 수	101,207개	103,145개	105,445개	97,668개
매출액	70조 7,450억원	73조 6,030억원	75조 5,810억원	48조 250억원
종사자 수	424,000명	435,000명	449,000명	376,000명

※ 2020년은 COVID19의 영향으로 산업전체가 타격을 받았다.

ⓒ Soonthorn Wongsaita

〈스포츠 시설업 및 서비스업 분야(2020년)〉

분야	사업체 수	종사자 수
경기장 운영업	209개	8,900명
참여스포츠 시설 운영업	31,636개	95,000명
골프장 및 스키장 운영업	474개	34,300명
수상스포츠 시설 운영업	1,326개	3,700명
기타스포츠 시설 운영업	4,068개	8,700명
스포츠 베팅업	55개	4,700명
스포츠 게임 개발 및 공급업	222개	18,700명
스포츠 교육기관	26,078개	50,100명

〈스포츠 용품 및 제조업 분야(2020년)〉

분야	사업체 수	종사자 수
운동 및 경기용품 제조업	1,255개	10,000명
섬유제품 및 스포츠 의류 제조업	1,159개	11,600명
스포츠 가방 및 신발 제조업	358개	4,200명
운동 및 경기용품 도매업	2,878개	23,500명
운동, 경기용품 및 자전거 소매업	24,312개	68,100명
운동 및 경기용품 임대업	914개	2,800명

Part Two
Who & What

2006년 도하 아시안게임 2위, 2008년 베이징올림픽 7위,
2010년 밴쿠버 동계올림픽 5위, 2012년 런던올림픽 5위 등
우리나라는 그동안 세계 수많은 나라를 제치고
국제체육경기에서 10위권 안에 드는 등 좋은 성적을 거두었다.

이러한 결과는 국가의 이미지와 위상을 높이고 국민을
단결하게 하며, 민족의 자긍심을 고취시키는 계기가 되었다. 이에
발 맞추어 정부가 적극적으로 나서 학교의 운동부나 체육계
학교를 육성하며 우수 선수를 선발하고자 체계적이고 과학적인
육성정책을 펼치고 있다.

그러나 낮은 출산율 때문에 전체 유소년 인구가 줄면서 스포츠
관련 잠재 인력이 감소하고 동시에 운동선수 지원자도 줄어들고

있다. 부모입장에서는 자녀가 힘든 훈련으로 고생하는 것이
안쓰럽고 운동을 부상 등으로 중도에 포기하게 되면 사회적으로
열등생이 될 수 있다는 우려도 있어 운동선수를 지원하는
학생들이 많지 않은 상황이다.

뛰어난 실력을 갖춘 학생 선수들이 배출되고 이를 통해 해당
종목의 운동경기가 활성화 되어야 스포츠 산업의 성장하여 향후
신규 일자리가 창출될 수 있다. 따라서 유소년 선수층이 무엇보다
강화되어야 할 필요가 있는 것으로 보인다.

축구, 야구, 골프, 농구, 배구 등 프로 종목의 인기가 높아져서
국내뿐 만 아니라 해외 구단으로도 진출하는 등 진출 분야가
넓어지면서 직업으로서 프로 스포츠인에 관한 관심이 더욱
커지고 있다. 그래서 운동선수가 되고자 하는 사람들이 꾸준히
배출되고 있으며, 향후 이들 프로 종목의 운동선수 수요는
지속적일 것으로 보인다. 그러나 프로선수가 되기 위한 경쟁은
여전히 치열할 것이다.

비인기 종목이었던 빙상종목과 수영종목, 체조종목 등이
새롭게 인기종목으로 떠오르고 있고 마라톤, 스키, 수상스키 등
레저 · 레크레이션형 종목들도 관심을 받으면서 관련 분야의
운동선수들도 점차 증가할 것으로 보인다. 그렇지만 여전히
선수층도 얕고 지원자도 적어서 저변이 취약한 실정이다.

그렇지만 2014년 인천 아시안게임, 2018년 평창 동계올림픽
등 국제대회를 유치하는 등 스포츠 산업이 계속 성장하고 있고,
운동선수들의 처우도 점차 개선되고 있다. 또한 운동선수들의
해외진출도 활발히 진행되고 있는 등 다양한 요인이
직업운동선수의 고용 확대에 긍정적인 영향을 미칠 것으로
보인다.

스포츠, 레크레이션 관련직의 경우,
감독 · 선수 · 심판 · 진행요원 등 경기와 관련된 직업과
생활체육의 진흥에 따른 레크레이션 및 레저와 관련된 진행자 및

© Maxisport

강사 등의 직업이 포함된다.

이 분야의 강사 직종은 교육서비스가 아니라 여가 서비를 제공한다는 측면에서 교육 관련 강사로 분류하지 않는다. 이들 직종의 경우 직업을 가지기 위해서는 대부분 관련 분야의 재능과 경력이 요구되며, 강사의 경우 관련 자격증 취득이 필요하다.

직업선수

국민체육진흥법 제2조(정의) 4호에 '선수'란 경기단체에 선수로 등록된 자를 말한다. 또 '국가대표선수'란 대한체육회, 대한장애인체육회 또는 경기단체가 국제경기대회(친선경기대회는 제외)에 우리나라의 대표로 파견하기 위하여 선발·확정한 사람을 말한다고 되어있다.

보통 우리가 말하는 운동선수는 운동을 취미 수준에서 하는 것이 아니라, 대한체육회에 가맹된 법인이나 경기단체 선수로 등록되어 활동하는 직업운동선수로, 평소 경기에 필요한 기술을 습득하고 전문적인 훈련을 하면서 해당 종목 경기에 참여하며 좋은 결과(성적)를 보여주는 것이 직업선수가 할 일이다. 이는 선수 자신의 경제적 효용성, 즉 연봉과 직결된다.

경기 감독이나 코치의 지시에 따라 종목에 필요한 자세와 동작 등의 기술을 배우고 연습하며, 체력테스트를 하여 부족한 부분이 있으면 별도의 개인 연습을 통해 체력을 보강하는 등 대회참가를 위해 필수적인 체중 관리, 체력 관리 등 평소 자기관리를 철저히 하고 부상을 입지 않도록 조심해야 한다. 해외 및 지방에서 진행되는 전지훈련에 참가하여 대회 출전을 위한 적응 훈련과 체력 훈련을 받기도 한다.

경기에 참여할 때에는 이전 시합에 출전하는 모습이 녹화된 영상을 통해 자신 또는 소속팀, 시합 상대자 또는 상대팀의 강점과 약점을 분석하여 감독 및 코치의 전략과 경기 규칙, 심판의 지시 등을 적절하게 조정하면서 경기에 임해야 한다. 경기는 개인의 역량에만 의존하여 진행되는 것이 아니고 팀웍으로 이루어지는 것이기 때문에 선수 간의 호흡 또한 아주 중요한 훈련 분야이다.

직업운동선수는 프로팀에 소속되어 있는 선수와 실업팀에 소속되어 있는 선수로 구분할 수 있다. 프로선수는 계약을 통해 프로스포츠팀에 입단하게 되며 오로지 경기만을 위해 운동하게 된다. 반면에 실업팀 선수는 지방자치단체, 시·도 체육회, 기업

등에 소속되어 직위를 부여받고 사원자격으로 운동하게 된다.
일부 종목의 실업팀은 평소 회사에서 주어진 업무를 하다가 경기
및 시합 일정이 잡히면 연습을 통해 경기에 참여하기도 한다.

　세계적인 경기에 출전하는 국가대표로 선발되기 위해서는
각종 대회에서 우수한 성적을 거두어 실력을 인정받고, 선발전을
통과해야 국가대표로 선발될 수 있다. 국가대표에 소속된
선수들은 선수촌에서 합숙훈련을 하며 국제경기를 대비한다.

　일반적으로 직업선수는 훈련장이나 경기장에서 시간을 많이
보낸다. 훈련 시간 및 훈련의 양은 종목별 개인별로 다르다.
경기를 위해 장기간 합숙도 하며 해외나 지방으로 출장이 많기
때문에 개인시간은 그리 많지 않다.

　훈련이나 시합 중에 부상당할 위험이 많으므로 항상 주의해야
하고 신체 보호를 위해 보호장비를 착용하고 훈련하기도 한다.
운동선수는 경기 결과나 개인의 기록 등을 통해 바로 실력이
평가된다. 이는 선수 개인에 대한 경제적 평가로 연계되어 다른
구단으로 옮기거나 재계약을 할 경우 영향을 많이 미친다. 따라서
직업 선수들은 좋은 성적을 내기 위하여 최선을 다해야 한다.

직업 선수로 활동할 수 있는 운동 종목으로는 축구, 야구, 농구,
배구 등의 구기 종목과 유도, 검도, 레슬링 등의 격투기 종목과
수영, 수중발레, 조정 등의 수중종목, 스키, 피겨스케이트,
봅슬레이 등의 동계종목, 그리고 달리기, 마라톤, 높이뛰기 등의
육상종목 등이 있다.

육상은 가장 오래된 스포츠이며 맹수에 쫓기던
원시인들로부터 시작되었다. 숨을 잘 참는다면 100미터 달리기에
도전하면 좋다. 왼발이 튼튼하면 장거리 달리기 선수에 도전하면
좋다. 빨리 걷는다면 경보를, 심장이 튼튼하면 마라톤을,
장애물이 두렵지 않다면 허들을, 주고받기를 잘한다면
이어달리기에 도전하면 좋다.

몸이 유연하면 체조를 하면 좋다. 체조에는 트램펄린, 링, 안마,
도마, 평행봉, 리듬체조가 있다. 리듬체조는 여자만 참가할 수
있는데 그 종목은 공 · 줄 · 리본 · 곤봉 · 홀라후프가 있다.
평균대는 돌기 · 걷기 · 뛰어오르기 등의 종목이 있는데
무엇보다도 균형 감각이 중요하다.

물에서 하는 스포츠는 싱크로 나이즈드 스위밍(물에서 춤 추는
것), 수구(물에서 하는 핸드볼), 수영, 다이빙이 있다. 수영은 자유형,
평형(일명 개구리헤엄), 배형(누워서하는 헤엄), 접영(버터플라이)이
있고 50 · 100 · 200 · 400 · 800 · 1,500미터 경기가 있다.

강한 상대와 힘겨루기 하는 스포츠는 메치고, 누르고, 조르고를
주로 하는 유도가 있다. 유도는 맨손으로 상대를 눌러 꼼짝
못하게 하거나 넘어뜨려 일어나지 못하게 하면 승리한다.
태권도는 지르기, 발차기를, 레슬링은 엎치락, 뒤치락하면서
경기를 하고, 펀치를 날리는 권투는 양손에 글러브를 끼고
상대선수의 허리 윗부분을 쳐서 승부를 겨룬다.

몸을 이용한 스포츠도 있지만 도구를 쓰는 스포츠도 있다. 금속
공을 던지는 포환 던지기, 손잡이가 달려있는 금속 공을 양손으로
잡고 던지는 해머던지기, 창을 이용한 창 던지기, 화살을 이용해

© sportpoint

과녁을 맞추는 양궁, 총을 이용하는 사격, 칼을 상대 선수의 몸에 대거나 찌르면 점수가 올라가는 펜싱 등이 있다.

금속 공이 아닌 아주 작고 가벼운 공부터 큰 공을 다루는 스포츠도 있다. 깃털이 있는 셔틀콕을 이용한 배드민턴, 털로 싸여 있는 테니스공을 이용한 테니스, 두 조각을 기워서 만든 야구공을 이용한 야구, 특이한 모양의 등나무 줄기를 엮어서 만드는 타크로 공을 이용한 세팍타크로 경기, 얼음판에서 잘 미끄러지는 퍽을 이용한 아이스하키, 작고 가벼운 탁구공을 이용하여 경기하는 탁구, 고무로 만들고 한손으로 던져서 경기하는 핸드볼과 그 밖에 공중에서 가장 큰 공을 가지고 경기하는 농구와 공안에 공기를 넣어 발로 차며 경기하는 축구 등이 있다. 이렇게 공을 다루는 스포츠는 구기 종목이라고 한다.

눈과 얼음위에서 즐기는 스포츠는 남녀가 함께 짝을 이루거나 혼자서 음악에 맞추어 점프나 회전 등의 기술을 보이는 피겨 스케이팅, 가파른 산을 빠르게 내려가는 활강과 깃대 사이의 구불구불한 길을 내려가는 회전 등의 종목이 있는 스키, 스키를 신고 오르막과 내리막길, 평지로 된 코스를 달리는 크로스컨트리 스키, 두 발을 보드 위에 올려놓고 균형을 잘 잡아야 하는 스노보드, 조종 장치도 브레이크도 없는 썰매위에 누워서 발과 손잡이만으로 방향을 조종하며 코스를 내려가는 루지, 2명 혹은 4명이 봅슬레이라고 불리는 썰매를 타고 얼음 코스를 내려가는 경기인 봅슬레이, 돌 공을 이용해 빗자루로 얼음판을 쓸어 경기하는 컬링 등이 있다.

그 밖에 일반 자전거와 달리 브레이크 장치가 없는 가벼운 자전거인 사이클을 타고 경기하는 사이클 경기, 말을 타고 장애물을 넘는 '장애물 비월'경기와 '마장 마술'경기가 있는 승마, 좁은 작은 배을 이용해 500미터와 1,000미터를 노를 저어 달리는 경주인 카약, 올림픽 경기중 유일하게 비다에서 열리는 요트, 키잡이와 8명의 선수가 2,000미터를 달리는 조정 등이 있다.

선수마다 역할이 달라서 서로 협동해야 좋은 기록을 낼 수 있는 스포츠에는 배구(한 팀이 6명, 수비만하는 리베로, 공을 올려주는 세터, 공격을 막는 센터, 왼쪽 오른쪽 공격수), 농구(5명, 공을 전달하는 포인트 가드, 공격하는 파워 포워드, 공을 넣거나 전달하는 스몰 포워드, 공격과 수비를 하는 센터, 골을 넣는 슈팅 가드), 축구(11명, 골키퍼, 공격을 막는 수비수, 공격하는 공격수, 공격도하고 수비도 하는 미드필더), 야구(9명, 공을 받는 포수, 공을 던지는 투수, 자리를 지키는 1,2,3루수, 외야의 오른쪽을 지키는 우익수, 왼쪽을 지키는 좌익수, 가운데를 지키는 중견수, 2루와 3루 사이를 지키는 유격수)가 있다.

운동과 신체적 특성

- 역도 : 키가 작을수록 유리하다.

- 피겨 : 키가 너무 크면 불리하다.

- 높이뛰기 : 다리가 길어야 유리하다.

- 장거리 달리기 : 단거리 선수보다 더 작고, 몸무게도 가벼운 사람이 유리하다.

- 체조선수 : 작고 가벼울수록 좋은 성적을 낼 가능성이 높다.

© Skumer

심판

스포츠에서 심판은 나라 별 스포츠 심판과 IOC위원, 농구,
축구, 야구, 유도, 프로레슬링, 피겨스케이팅 등 각각의 스포츠
경기와 관련한 심판이 있다.

〈심판이 하는 일〉
심판은 스포츠 경기를 규칙에 의거하여 경기를 진행시키는
역할을 하는데 선수들이 승부에 집착하다보니 경기 규칙을
위반하는 경우가 많이 발생한다. 이러한 경우에 상당수는 경기의
득점과 연계되어 승패를 좌우하기 때문에 심판은 엄격하고 규칙
위반을 단속해야 한다. 그러나 심판에게 있는 또 다른 임무는
경기를 원활하게 진행시키는 것이다. 특히 관객들에게 즐거움을
선사하는 프로 스포츠의 경우 너무 엄격한 규칙 적용은 자칫 잦은
경기 중단을 불러와 관객들의 흥미를 떨어뜨릴 수가 있다. 그래서
심판은 규칙의 적용과 경기의 원활한 진행이라는 두 가지 임무
사이에서 자신만의 역량을 발휘해야 한다. 그것이 심판으로서의
노하우라 하겠다.
경기를 효율적으로 진행시키기 위해서 여러 심판원들로
심판단이 구성되는 경우, 심판단의 책임자가 되는 심판원을
주심이라고 하며 다른 심판원은 부심이라고 한다.
주심은 운동 경기에서 심판에 있어 주도적 역할을 하는
사람으로 심판에 관한 최종적인 결정권을 행사한다.
부심은 경기에서 주심을 보좌하는 심판으로 주심의 판정에
대해 도움을 주는 자를 말한다. 즉 반칙이 있을 경우 주심이
체크하지 못한 부분에 대하여 주심을 보좌하며 주심이 간과한
부분에 대해서도 판단을 하여 올바른 경기 규칙의 적용을 통하여
원활하고 재미있는 경기 진행을 돕는다.

■ 운동 경기에 있어서 심판은 경기의 시작과 종료를 알리며, 각종 운동경기의 규칙을 적용하여 경기를 원만히 진행하는 일을 한다.

■ 경기를 하는 중 선수들의 경기 규칙 위반을 제지하고 만일 이를 발견하면 즉시 호루라기, 수신호, 깃발, 카드 등으로 알리고 벌칙 또는 벌점을 적용한다.

■ 경기 도중 선수가 예기치 못한 부상을 입을 경우 경기를 일시 중단하여 선수를 보호하며 경우에 따라서는 경기 종료를 선언할 수 있다.

■ 규칙에 명시되어 있지 않은 행위나 상황이 일어났을 때 심판은 자신의 경험과 지식으로 재량껏 판단하여 경기가 원활하게 진행될 수 있도록 조치한다.

이러한 심판의 양성은 운동 종목 별 협회에 따라 조금씩 다르지만 일반적으로 선수 출신자 또는 체육 관련 전공자들을 대상으로 일정한 교육과정을 거치고 난 뒤 실기와 필기시험을 거쳐 선발한다.

운동 종목 별로 국내심판과 국제심판이 있다.

〈초급 심판이 되는 과정〉

1. 야구 심판
   ■ 명칭 : 야구심판학교
   ■ 주관 : 한국야구위원회, 대한야구협회, 국민생활체육 전국야구연합회, 명지전문대학 공동
   ■ 과정
     - 일반과정 : 일반인 대상, 10주간 160시간 수업(금, 토, 일)
     - 전문과정 : 아마 야구 심판 대상, 5주간 64시간 교육
   ■ 자격 수여 : 대한야구협회 산하 야구단체 경기 심판자격 수여

2. 농구 심판
   ■ 명칭 : 농구심판 강습회
   ■ 주관 : 대한민국 농구협회
   ■ 대상 : 신규 일반인, 승급자
   ■ 연령 : 17세 이상 대한민국 국적 소지자
   ■ 기간 : 이론, 실기 각각 1일
   ■ 자격 수여
     - 3급 : 강습회를 수료한 자로 필기 60점 이상 시 발급.
     - 2급 : NABA 3급 보유 심판원으로서 필기 80점과 실기80점 이상 시 발급.

- 1급 : NABA 2급 심판원으로서 시도연합회
경력추천서(만1년 이상)를 받아 제출. 시도강습회에서
필기80점을 통과하고, 6개월 이내 전국연합회에서 주관한
대회에서 실기 80점을 통과한 자에 발급.

3. 축구 심판
■ 명칭 : 대한축구협회 5급 축구심판 자격증 코스
■ 주관 : 대한축구협회
■ 대상 : 16세 이상 일반인
■ 교육과정
  - 이론 : 2일(9시~18시)
  - 체력 테스트
  - 실기 : 2일(9시~18시)
■ 자격 수여 : 체력 테스트를 통과하고 필기와 실기 각각 60%
이상 취득한자에게 5급 축구심판 자격증 수여

4. 배구 심판
■ 명칭 : 배구 심판 · 기술지도강습회
■ 주관 : 대한배구협회
■ 대상 : 일반인
■ 교육과정 : 이론, 실기, 기록
■ 교육기간 : 32시간 이상
■ 합격 기준 : 각 과목 평균 60점 이상 취득자. 단, 40점 이하
자는 과락 처리 불합격
■ 자격 수여 : 공인 배구 심판 · 기술지도 C급

주요 운동 종목별 심판 현황(2020년 기준)

- 씨름(국내심판 12명)

- 야구(국내심판 181명)

- 검도(국내심판 439명)

- 양궁(국내심판 85명)

- 축구(국내심판 2,954명)

- 조정(국내심판 69명)

- 태권도(국내심판 184명)

- 아이스하키(국내심판 51명)

- 농구(국내심판 148명, 국제심판 2명)

- 역도(국내심판 82명, 국제심판 57명)

- 펜싱(국내심판 107명, 국제심판 1명)

- 하키(국내심판 30명, 국제심판 1명)

- 유도(국내심판 54명, 국제심판 11명)

- 육상(국내심판 698명, 국제심판 1명)

■ 체조(국내심판 210명, 국제심판 16명)

■ 탁구(국내심판 79명, 국제심판 148명)

■ 복싱(국내심판 97명, 국제심판 14명)

■ 빙상(국내심판 122명, 국제심판 5명)

■ 사격(국내심판 88명, 국제심판 45명)

■ 수영(국내심판 661명, 국제심판 4명)

■ 스키(국내심판 86명, 국제심판 10명)

■ 골프(국내심판 47명, 국제심판 10명)

■ 당구(국내심판 307명, 국제심판 3명)

■ 배구(국내심판 356명, 국제심판 11명)

■ 테니스(국내심판 345명, 국제심판 8명)

■ 레슬링(국내심판 30명, 국제심판 34명)

■ 철인3종(국내심판 190명, 국제심판 72명)

■ 근대5종(국내심판 24명, 국제심판 35명)

■ 배드민턴(국내심판 431명, 국제심판 1명)

지도자

축구, 농구 등은 볼을 던지고, 잡고, 치고, 차고, 드리블하고, 달리고 점프 하는 등의 운동으로 굳이 누구로부터 배우지 않아도 스스로 자신들이 학습할 수 있고 기술이 뛰어나지 않아도 바로 게임도 할 수 있다. 그러나 이러한 학습은 계획적이지 않고 비효율적이기에 보다 세련된 게임을 즐기기 위해서, 혹은 전문 스포츠인으로 성장하기 위해서는 시작부터 훌륭한 지도자의 지도를 받고 효과적으로 연습하여 정확한 동작과 기술을 몸에 익히는 것이 좋다.

그러나 운동 종목이 테니스나 탁구, 배드민턴, 배구, 유도, 검도, 궁도, 댄스, 스키 등이 되면 이야기가 달라진다. 혼자서는 운동을 할 수도 없고 할 경우에는 아주 위험한 상황을 맞이할 수 있다. 그래서 이러한 운동을 하고자 할 때에는 누군가에게 기초적인 것부터 배우는 것이 중요하다. 경험자에게 지도를 받거나 스포츠 교실에 참가해도 좋고 강습회에 나가는 것도 좋다.

이처럼 스포츠를 배우려는 사람들에게 운동을 가르쳐주고 기술을 지도하며 규칙을 지키면서 즐기는 방법을 알려 주는 사람들을 우리는 체육지도자라고 할 수 있다. 이들 체육지도자들은 초보자들에게 운동을 가르치는 것 뿐 만아니라 선수들의 기량을 향상시켜 경기에서 승리하도록 훈련하는 것도 포함한다.

그러나 체육지도자에게 요구되는 것은 스포츠에 관한 지식만이 아니다. 스포츠에 관한 이론적 지식과 경험적 지식, 운동 기술, 지도력 및 인격적 요소 등 그야말로 지도자로서 모든 면모를 갖추어야 한다.

〈체육지도자의 정의〉

국민체육진흥법에 '체육지도자'란 학교 · 직장 · 지역사회 또는 체육단체 등에서 체육을 지도할 수 있는 사람을 말한다.

    2015년 이후의 체육지도자는 국민체육진흥법에 따라 다음 중
어느 하나에 해당하는 자격을 취득해야 한다.

    가. 스포츠지도사
    나. 건강운동관리사
    다. 장애인스포츠지도사
    라. 유소년스포츠지도사
    마. 노인스포츠지도사

〈체육지도자의 종류〉

    체육지도자라 하면 전문체육 분야의 경기지도자와 생활체육
분야의 생활체육지도자로 양분되어 있었다. 법 개정 이후 2015년
1월 1일부터 시행되어 현재는 새로운 체육지도자 자격제도가
시행되었다. 지도내용과 지도대상, 분야 및 수준 등을 기준으로
세분화되었다. 전문체육분야는 1급 전문스포츠지도사, 2급
전문스포츠지도사 자격 취득을 할 수 있으며, 생활체육분야는
1급 생활스포츠지도사, 2급 생활스포츠지도사 자격 제도가 있다.
기존에 운동수행방법 지도 및 관리를 하던 1급 생활체육지도자는
건강운동관리사로 바뀌었다.

    또한 지도대상이 세분화되어 장애인스포츠지도사 1,2급과
유소년스포츠지도사, 노인스포츠지도사 자격을 취득할 수 있게
되었다.

스포츠 관련 교육가

실질적으로 운동을 가르치는 교육자는 자격 유무나 직위 고하를 떠나 얼마든지 존재한다. 그러나 여기서 이야기 하고자 하는 스포츠 관련 교육가는 공식적인 제도 안에서 자격을 갖춘 교육자 즉 선생님에 한정하려고 한다.

물론 앞부분에서 말하는 교사나 교수와 뒷부분에서 말하는 강사와 사범은 제도적으로 차이가 있지만 우리가 일반적으로 생각하는 범위 안에서 설명해 보고자 한다.

체육교사는 한국직업사전에 중·고등학교에서 학생들에게 건강한 체력과 다양한 운동능력을 육성시키기 위하여 체육, 체육과 건강 및 관련 과목을 전문으로 교육한다고 되어 있다.

체육교사가 하는 일은 육상, 체조, 구기, 수영, 무용 등에 관한 동작원리, 기술 등을 설명하고 시범을 보인다. 체육교사 역시 자신의 전공 운동 분야가 있다. 자신이 전공한 분야의 운동에 대해서는 더 많이 알고 더 잘 지도할 수 있다. 그러나 체육교사는 체육 전반에 대한 모든 지식과 실기를 골고루 익혀 학생들의 체육 활동의 기본 방향을 수립하고 나아가 재능을 계발하고 발전하도록 지도하는 선생님이다.

그래서 스포츠 게임활동, 표현활동, 보건에 관한 기본 움직임과 이론을 교육하고 학생들의 체력활동 시 동작을 관찰하고 교정한다. 체육 이론 부분 역시 중요하기 때문에 각종 운동종목의 역사, 목적, 특성과 규칙을 설명한다. 그리고 학생들의 운동 기술 향상도를 시험하고 평가하며 시험을 출제하고 학생의 성적을 매긴다.

때때로 교사 자신의 전공과 학교의 특성을 고려하여 축구, 배구, 야구, 태권도, 유도, 씨름 등의 종목에서 학생 선수단을 조직하여 지도·감독하기도 한다.

중·고등학교 교사에 대하여 자세한 정보는 '나의 직업 선생님'을 참조해볼 것.

〈학교운동부 지도자〉

학교운동부지도자는 다음과 같은 자격을 갖춘 사람 중에서 선발하여 임명하며 학생선수에 대한 훈련계획 작성, 지도 및 관리와 각종 대회 출전 지원 및 인솔, 경기력 분석 및 훈련일지 작성, 훈련장의 안전관리를 한다. 학교의 체육교사와는 다르다.

■ 자격
- 「초·중등교육법」에 따른 교사 자격증을 가진 사람으로서 해당 종목의 선수 경력이 3년 이상인 사람
- 해당 종목과 관련하여 국제올림픽위원회에 소속된 국제 경기연맹 또는 그 연맹에 소속된 대륙별 경기연맹에서 주관하는 국제 지도자 양성과정을 마치고 자격증을 발급받은 사람
- 해당 종목과 관련하여 「국민체육진흥법 시행령」에 따른 국가대표선수의 경력이 있는 사람
- 해당 종목의 전국 규모 경기대회에서 입상한 경력이 있는 사람
- 「국민체육진흥법 시행령」에 따른 경기 지도자 자격증을 가진 사람이다.

〈스포츠강사〉

학생의 체육수업 흥미 제고 및 체육활동 활성화를 위하여
다음과 같은 자격을 갖춘 사람을 1년 단위의 계약에 의해
초등학교에 스포츠강사로 임명할 수 있다. 재임용이 가능하지만
체육교사는 아니다.

■ 자격
  –「초·중등교육법」에 따른 교사 자격증(초등학교 정교사 2급
  이상) 자격증이나 중등학교 체육 과목 정교사(2급 이상)
  자격증 혹은 체육 과목 실기교사 자격증을 가진 사람
  –「국민체육진흥법 시행령」에 따른 경기 지도자 또는
  생활체육지도자 자격증을 가진 사람
  – 경기단체에서 운영하는 지도자 양성과정을 마치고
  자격증을 발급받은 사람으로서 5년 이상의 지도 경력이 있는
  사람
  – 선수 경력이 5년 이상인 사람

학교 체육과 관련된 용어

■ 학교체육 : 학교에서 학생을 대상으로 이루어지는 체육활동

■ 학교운동부 : 학생선수로 구성된 학교 내 운동부

■ 학생선수 : 학교운동부에 소속되어 운동하는 학생이나 「국민체육진
흥법」에 따른 체육단체에 등록되어 선수로 활동하는 학생

■ 학교스포츠클럽 : 체육활동에 취미를 가진 같은 학교의 학생으로
구성되어 학교가 운영하는 스포츠클럽

■ 학교운동부지도자 : 학교에 소속되어 학교운동부를 지도·감독하는
사람

■ 스포츠강사 : 초등학교에서 정규 체육수업 보조 및 학교스포츠클럽
을 지도하는 체육전문강사

스포츠 및 레크리에이션 강사는 사람들이 건강한 신체와
마음을 유지하도록 수영이나 에어로빅, 헬스 등의 스포츠를
가르치거나 특정 행사에서 오락프로그램을 진행하는 사람을
말한다.

스포츠강사는 일반인들을 대상으로 댄스, 요가,
피트니스(헬스), 수영, 스쿼시, 탁구, 태권도, 에어로빅, 골프, 검토,
스키 등의 스포츠를 가르친다. 담당 종목에 따라 수영강사,
골프강사, 요가강사, 댄스강사, 헬스트레이너, 태권도사범 등으로
불리우며, 수영장, 태권도장, 실내골프연습장, 피트니스센터
등에서 해당 종목에 대한 시범을 보이고 기본규칙, 기본동작,
기법, 자세교정 등을 지도한다. 종목에 따라 풀타임으로
근무하기도 하고 시간제 근무를 하는 사람도 있다. 스키, 승마,
테니스 등의 강사는 야외에서 근무해야 한다.

수강생의 상황에 맞추어 진도를 나가며 요구되는 기본동작과
응용동작이 모두 숙달되도록 훈련시킨다. 헬스처럼 여러 기구를
사용하는 운동은 강사가 개인의 체력적 특성에 적합한
운동기구를 알려주고, 운동 강도나 빈도, 시간 등 수강생의
신체적 특성에 알맞는 운동방법을 구체적으로 제시해주기도
한다.

이 외에 상처가 나거나 통증이나 근육이 뭉쳤을 때 응급조치를
하거나 마사지를 통해 풀어주기도 하며, 수강생을 관리하고
새로운 수강생을 확보하는 관리 업무를 수행한다. 또한 체육시설
및 운동기구, 장비 등을 관리하며, 새로운 스포츠프로그램을
개발하기도 한다.

스포츠강사는 특별한 조건은 없지만 해당 종목의 실기와
이론에 대한 충분한 지식이 요구된다. 전문대학이나 대학교에서
해당 종목의 관련 학과나 사회체육학과, 생활체육학과 등
체육관련 학과를 졸업하는 것이 유리한다.

스포츠강사는 2급생활스포츠지도사 자격을 취득해야 하고,

해당 종목의 운동선수로 활동한 사람을 선호하기 때문에 직접
경력을 쌓는 것도 좋다.

스포츠강사는 종합스포츠센터, 지역 주민센터 내의 주민
편의시설, 골프연습장, 수영장, 체육도장, 볼링장, 테니스장 등의
전문종목 훈련장에서 활동하며 경력이 쌓이면 해당 조직에서
팀장의 위치에 오를 수 있고, 직접 스포츠센터나 볼링장,
테니스장, 체력단련장 등과 같은 체육시설을 운영할 수 있다.

입시 위주의 교육으로 학교 체육이 점차 부실해지고 있고, 운동
부족으로 청소년들의 체력이 많이 저하되어 정부 차원에서
정책적으로 이 문제를 해결하고자 하여 학교 체육교육을 다양한
형태로 지원하고 있다.

정부가 체육교육 강화를 위해 학교 스포츠클럽을 확대하는
방안을 마련하면서 스포츠강사를 각 학교에 지원할 것으로 보여
학교에서 활동하는 스포츠강사의 고용이 크게 확대될 전망이다.

레크리에이션강사는 기업이나 단체 또는 학교에서 워크샵이나
화합모임, 교육, 체육대회, 축제 등을 행사를 개최할 때,
행사장에서 사람들의 지친 심신을 회복시키고 즐길 수 있는
시간을 만들어주기 위한 레크리에이션 프로그램을 준비하고
진행을 담당한다.

이들은 행사 요청이 들어오면 미리 행사 장소, 참여 인원, 배정
시간 등을 확인하고 행사담당자에게 행사의 목적이나
참가자들의 연령 분포 등의 여러 가지 정보를 얻어 프로그램을
계획한다.

근무처에 따라 근무시간이 매우 유동적이다. 프리랜서로
활동하는 경우도 있지만, 레크리에이션 관련 협회나 공공단체,
레크리에이션 민간업체에 소속되어 일하는 경우에는 소속
기관의 업무규정에 따라 정해진 시간에 근무해야한다.

하는 일은 주로 행사에 참여하여 사회를 보면서 노래, 율동,
게임 등을 지도하고 시범을 보이며 사람들의 참여를 유도해

© Vereshchagin Dmitry

© hxdbzxy

재미있는 분위기를 연출한다.

보육원이나 노인요양시설, 군부대 등에서 개최하는 행사나 단체교육 등에 참가하여 오락행사를 진행하기도 한다.

행사가 없을 때에는 다양한 레크리에이션 소재 및 구성프로그램을 개발하고, 유행하는 유머나 다양한 사회정보를 수집하는 등 사람들이 좋아할 수 있는 여가활동을 연구하고 개발한다.

레크리에이션강사가 되려면 특별히 요구되는 조건은 없지만, 전문대학 및 대학교의 레크리에이션학과, 이벤트학과 등 관련학과를 졸업하거나 김간협회에서 발급하는 레크리에이션 자격증을 취득하면 도움이 된다.

최근 국민의 여가 수요와 여가 참여 욕구가 증가하면서 대학축제, 기업체 연수, 각 개인이나 단체의 기념파티, 체육대회 등이 점차 활성화되고 있다. 이런 행사의 프로그램을 짜고 게임과 노래를 지도하는 것이 주 업무인 레크리에이션 강사는 여가를 더욱 가치있게 이용하기 위한 필요인력을 인식되고 있다. 향후 활동 분야도 관광 관련 기관, 각종 모임진행자, 문화센터 강사 등으로 다양해질 것으로 보여진다.

〈체육지도자 배치 기준(체육도장업)〉

구분	인원 수
운동전용면적 300제곱미터 이하	1명 이상
운동전용면적 300제곱미터 초과	2명 이상

〈체육시설업의 종류별 범위〉

업종	영업의 범위
스키장업	눈, 잔디, 그 밖에 천연 또는 인공 재료로 된 슬로프를 갖춘 스키장을 경영하는 업
썰매장업	눈, 잔디, 그 밖에 천연 또는 인공 재료로 된 슬로프를 갖춘 썰매장(「산림문화 휴양에 관한 법률」에 따라 조성된 자연휴양림 안의 썰매장을 제외한다)을 경영하는업
요트장업	바람의 힘으로 추진되는 선박(보조추진장치로서 엔진을 부착한 선박을 포함한다)으로서 체육활동을 위한 선박을 갖춘 요트장을 경영하는 업
빙상장업	제빙시설을 갖춘 빙상장을 경영하는 업
종합체육시설업	법 제10조제1항제2호에 따른 신고 체육시설업의 시설 중실내수영장을 포함한 두 종류 이상의 체육시설을 같은 사람이 한 장소에 설치하여 하나의 단위 체육시설로 경영하는 업
체육도장업	문화체육관광부령으로 정하는 종목의 운동을 하는 체육 도장을 경영하는 업
무도학원업	수강료 등을 받고 국제표준무도(볼룸댄스) 과정을 교습 하는 업(「평생교육법」, 「노인복지법」, 그 밖에 다른 법률에 따라 허가 · 등록 · 신고 등을 마치고 교양강좌로 설치 운영하는 경우와 「학원의 설립 · 운영 및 과외교습에 관한 법률」에 따른 학원은 제외한다
무도장업	입장료 등을 받고 국제표준무도(볼룸댄스)를 할 수 있는 장소를 제공하는 업

체육도장업 시설 기준

- 운동전용면적 3.3제곱미터당 수용인원은 1명 이하가 되도록 하여야 한다.
- 바닥면은 운동 중 발생하는 충격의 흡수가 가능하게 하여야 한다.
- 해당 종목의 운동에 필요한 기구와 설비를 갖추어야 한다.

무술교관 및 사범

현대인의 안락한 삶의 방식은 편리함과 편안함을 안겨주고 있으나 정신적, 육체적으로는 나약한 모습을 낳았다. 동시에 자유로운 사회적 분위기와 어울려 사회적 정의나 공공의 선과 질서에 대한 안이한 생각과 이기적 행동 양식을 태생 시켜 사회적으로 범죄가 끊어지질 않고 있다. 비록 이러한 범죄의 예방과 치안업무를 담당하기 위해 경찰이 존재하고 있지만 전 국민을 대상으로 임무를 수행하기에는 인력과 장비 면에서 너무나 부족한 관계로 최근 민간경호의 중요성이 대두되게 되었고 덩달아 많은 민간 경호 · 경비 회사가 설립되고 있는 실정이다.

고도로 훈련된 몸을 바탕으로 경호업무를 수행하는 경호원은 우발상황 발생 시 순간 판단 능력과 무술을 겸비한 무도능력을 기반으로 경호 대상자를 안전하게 보호한다. 그래서 경호원이란 가장 귀중한 목숨을 담보로 임무를 수행하는 자들이며, 언제 어디서든지 목숨을 버릴 수 있는 숭고함과 투철한 직업의식을 가지고 있지 않다면 경호원으로서 임무를 수행하기 어렵다고 볼 수 있다. 타인의 신변을 보호하는 경호원의 투철한 직업의식을 바탕으로 한 무도능력은 매우 중요하다 볼 수 있다.

그러나 일어난 범죄를 제압하거나 대처하는 것보다는 범죄가 일어나지 않도록 하는 것이 훨씬 바람직하지만 현실은 왠지 거리가 있음을 볼 수 있다.

이러한 사회적 상황에 따라 무술에 대한 국민적 관심이 높아져 많은 도장들이 생겨났다.

무술은 자신을 지키는 호신술로서도 가치가 있지만 정신 수련을 통한 자제력과 인내심을 길러 성숙한 사회인이 될 수 있는 기틀을 단련한다는데 더 큰 의미를 둘 수 있다.

스포츠인은 이러한 사회 환경적 필요에 따라 일반인들에게 무술을 가르치기도 하며 경찰이나 특수임무를 수행하는 공적기관 요원들에게 투지력 향상과 전투력 배양을 위한

경호 무도와 일반 무도

경호무도는 경호대상자의 안전을 확보 유지하기 위해서는 고도로 훈련된 전문경호원의 몸을 수단으로 하여 경호임무를 수행해야 하는데 그 요소가 경호무도이다. 일반무도는 자신을 보호하고 자기수양이 목적인 반면에 경호무도는 신체의 전부를 사용하여 효과적이고 체계적인 경호기법의 완성되는 종합적인 무도이다.

© Novoselov

과정으로 이러한 것을 가르친다. 그 중에는 간혹 외교부의 협조
요청을 받아 해외로 나아가 외국의 군대나 경찰들에게 무술을
가르치기도 한다. 그 한 예로 아프리카 나이지리아에 태권도
사범으로 파견되어 그 나라 군인들에게 태권도를 보급한 일을 들
수 있다.

또한 국내에서 체육도장을 운영하거나 혹은 체육도장에
사범으로 취직하여 무술을 가르치는 경우도 많다. 특히 어린이는
건강한 체력을 키우기 위해, 여성의 경우에는 다이어트나
호신술로 무술을 배우는 경향이 있어 옛날과 달리 무술이 현대
스포츠로서 우리 사회생활 속으로 융화되어 들어 왔다.

스포츠 언론인

  스포츠 프로그램 퓨로듀서는 스포츠 프로그램(스포츠 뉴스,
스포츠 종합 프로그램, 스포츠 경기 중계 등)을 기획 · 총괄하고 관련
종사원들의 활동을 조정하는 사람이다.

  스포츠뉴스를 기획 · 제작하는 경우, 경기나 행사가 열리는
장소와 시간을 확인한 후 스포츠 기자, 스탭 등과 함께 이동하여
스포츠 뉴스를 취재하거나 스포츠 뉴스 리포트를 제작한다.
스포츠 기획물을 제작하는 경우, 아이템을 선정하고 인물, 팀,
사건 등을 중심으로 기획물을 기획 및 제작 진행한다. 취재 및
리포트가 완료되면 편집하여 방송에 적합한 화면으로 만든다.
스포츠 중계방송을 기획 · 제작하는 경우, 편성(중계종목, 채널,
방송시간 등)에 따라 편성부서, 기술 중계부서, 아나운서, 카메라

스텝 등 유관 부서에 업무협조 의뢰를 통보한다.

　제작계획 및 제작비 산출, 현장상황 파악(경기시간, 진행순서),
아나운서 또는 해설자와 협의, 카메라 위치, 음향, 조명 등
기술적인 확인 · 점검, 광고 또는 중간예고 등을 기획하고
수행한다. 현장에서 직접 스위칭(switching, 여러 소스의 영상을
선택하는 기계 조작)을 하면서 화면을 구성한다.

　해외스포츠의 경우 현지제작 생중계를 하거나, 스튜디오 제작
생중계(해외 경기현장에 중계요원을 파견하지 않고 국제신호에 의해
위성으로 수신되는 경기내용을 스튜디오에 마련된 화면을 통해 중계하는
형식)을 기획한다. 경기 하이라이트 영상을 편집하기도 한다.

　또한 스포츠 관련 전문기자로 활동하며 이 분야는 언론의
독립된 한 분야를 이룰 만큼 독자적인 영역을 확보해 가고 있다.
아예 스포츠만을 위한 언론지가 발간될 만큼 스포츠는 대중의
관심을 모으고 있는 것이다.

> 스포츠 신문 종류
>
> **스포츠 서울, 일간 스포츠,
> 스포츠 조선, 스포츠 한
> 국, 스포츠 동아, 스포츠
> 경향, 스포츠 월드 등**

이런 스포츠 전문기자와 더불어 각광을 받는 직종이 스포츠PD이다.

우리가 영국에서 벌어지는 축구경기를 집안에서 편안하게 시청할 수 있는 것은 스포츠 중계방송이 있기 때문에 가능한 것이다. 스포츠PD는 바로 여러 대의 카메라와 스탭을 적재적소에 배치하고 운용하여 이 중계방송을 진두지휘하는 사람이다.

우리나라 공영방송인 KBS는 아주 오래 전부터 이러한 스포츠 PD를 뽑기 시작했는데 스포츠PD에는 스포츠 중계방송을 담당하는 PD, 중계방송이 아닌 스포츠 프로그램을 제작하는 PD, 스포츠라는 방송 콘텐츠를 확보하기 위해서 중계권을 협상하고 예약하는 PD 등이 있다.

중계방송과 제작의 차이

현장 취재냐 아니냐의 차이다. 중계방송은 현장감을 싣고 있고 제작은 어떤 의도를 가지고 촬영을 하고 촬영해온 것을 편집하여 만든다. 따라서 제작에서는 완성도가 중계방송에서는 현장감이 생명이라 할 수 있다.

스포츠맨의 운동기능 증진과 컨디션 조절을 통한 운동 능력의
증가와 스포츠 상해 예방을 위하고 스포츠맨의 육체적 완성을
촉진, 또한 피로의 극복과 스포츠 활동의 향상을 도모하는데 그
목적이 있다.

스포츠 마사지는 반복적이고 격렬한 운동 및 외상으로 인한
연부조직의 문제 및 불균형을 고정하는데 도움을 준다.

마사지는 가장 오래된 물리 치료법의 한가지로 기록되어 있다.

스포츠 마사지란 우리 인체 중 주로 근육을 다루는
맨손요법으로 문지르거나 쓰다듬고 비비고 압박하는 방법을
이용해 피부와 근육에 자극을 가해 체내의 혈액과 임파액의
유통을 촉진시키는 한편 신진대사를 원활하게 해준다. 뿐만
아니라 정신 및 육체적 안정을 확보해 줌으로써 최상의 컨디션을
유지하여 스포츠상해를 미연에 예방하고 운동기능을 향상시켜
선수자신의 기량을 최대한 발휘할 수 있도록 보조적 역할을
수행하는데 탁월한 효과가 있는 과학적인 시스템이다.

〈운동처방사〉

운동처방이라는 용어는 질병에 따라 약을 조제하는 것과 같이
약의 처방이라는 말에서 파생된 것으로써 체력의 향상과 건강의
유지증진을 목적으로 개인의 체력수준, 건강상태, 연령 등을
고려한 운동의 종류와 운동의 형식을 선택해주고 그 질과 양을
어떻게 실시하여야 하는가를 제시하며, 이를 토대로 개인에게
알맞은 운동프로그램을 작성하여 실시하는 것을 의미한다. 즉, 각
개인의 건강 상태와 체력 수준에 맞는 운동을 과학적인 검사를
통해서 결정하는 것을 '운동처방'이라고 말한다.

운동을 시작하는 사람이나 지금까지 운동을 하지 않고
생활하던 사람들은 운동을 시작하려고 할 때 반드시 전문기관을
찾아서 자신의 건강 상태와 체력 수준에 알맞은 운동을

선택해야만 운동으로 야기될 수 있는 부상 및 사고의 위험을
사전에 방지하고 운동을 통한 질병의 예방 및 치료 효과를 높일
수 있다.

또한, 현재 자가진단에 의한 나름대로의 운동을 하고 있는
사람도 자신이 하고 있는 운동이 자신에게 긍정적인 효과를
가져오는 좋은 운동인지 아니면 시간의 낭비와 체력의 소모를
야기하여 신체의 면역력을 약화시키고 장차 질병을 불러들이는
잘못된 운동만 열심히 하고 있지는 않은지 한번쯤 전문가의
운동처방을 받아 보는 것이 바람직하다.

재활치료사

〈재활승마치료사〉

　재활승마치료사는 말을 매개로 환자를 치료하는
치료승마전문가이다. 환자를 대상으로 치료목표를 세우고,
치료방법을 찾는 일이 치료사들의 업무이다. 환자만 돌보는 것이
아니고 부가적으로 말의 상태를 살피고 말의 건강관리까지도
돌보아야 한다.

　승마치료는 재활승마지도사, 마필관리사, 재활승마치료사가 한
팀이 되어 운영되는데 말의 상태를 살피고 말이 머무는 마방의
청결관리를 시작으로 안전한 치료가 이루어질 수 있도록 한다.

　승마치료 분야는 1952년 헬싱키 올림픽에서 리즈 하텔이라는
인물이 소아마비 장애를 딛고 은메달을 획득하면서 알려지게
되었다. 그 후 1960년대에 독일과 스위스, 오스트리아에서
물리치료사가 주축이 되어 지금의 치료승마로 불리는 분야의
토대가 마련되었다.

　치료승마 시 골반에서 받는 움직임은 사람이 걸을 때와 가장
비슷하다. 이를 보행효과라고 하는데 휠체어와 유모차의 도움을
받는 장애아동들은 인위적으로 근육을 움직여 주지 않으면
보행시 사용되는 근육의 움직임을 체험해보기 어렵다. 따라서
걷는 말 위에 앉아있는 것만으로도 큰 보행효과를 얻을 수 있다.
치료승마의 목적은 말을 잘 타는 것을 배우는 승마와 달리 몸의
기능을 향상시키기 위함이다.

　이용 가능한 말과 봉사자의 수. 아이들의 기능에 따라 다양한
형태의 강습이 이루어진다.

　'말'이라는 동물을 하나의 치료 매개로 활용하기 때문에 말에
대해서도 전문가이어야 한다. 치료승마는 물리치료, 작업치료,
언어치료 등 3개의 분야로 이루어지는데 아직 국내에서는
정식적인 치료승마 교육과정이 없고, 재활승마치료사를 고용하고
있는 곳은 삼성승마단, 한국마사회가 있다. 관련학과로는 동물관련
학과 및 치료학과(물리치료학과, 작업치료학과 등) 등이 있다.

© begalphoto

〈수중재활치료사〉

수중재활운동사는 물은 잘 마시기만 해도 건강해진다는 말이
있다. 물을 이용해 우리 몸이 건강해질 수 있도록 돕는 물 전문
운동사(치료사)로 주로 의료기관과 재활 및 건강관리 관련기관,
스포츠센터 등에서 일한다. 고령화 사회로 건강에 대한 관심이
높아지고 있고 수중재활 운동 프로그램을 운영하는 의료기관,
복지기관, 스포츠센터 등이 늘고 있어 일자리 전망은 좋다.

수중재활분야는 물리치료의 한 분야로 우리나라에는 장애인과
환자를 대상으로 한 수중프로그램 뿐 아니라 임산부, 고령자 등
건강에 신경을 써야하는 이들을 위한 수중 운동으로 알려지기
시작했다.

수중재활운동사는 인체와 관련된 체육학과, 특수체육학과,
물리치료학, 작업치료학, 간호학과, 특수교육학과, 사회복지학과
전공자가 유리하다. 환자 및 장애인의 재활운동을 위한
수중재활운동사 양성교육기관에서 일정교육을 이수하면
수중재활운동사 자격이 주어진다.

단, 전문성이 있는 교육과정(이론과 임상실습)을 갖춘
교육기관인지, '수중재활운동사'라는 명칭을 정확히 사용하고
있는지 등 꼼꼼하게 확인할 필요가 있다.

스포츠 관광 안내(골프, 스킨스쿠버 등)

여가환경변화 및 생활양식의 변화로 삶의 질과 수준도 변화하여 영화를 보거나 해외여행을 하거나, 스포츠경기를 직접 그곳에 가서 관람하는 것을 생각하고 점차 그 생각은 현실화되어 가고 있다.

특히 레져와 관광이 스포츠가 합쳐져 레포츠라는 새로운 영역이 나타남으로써 일반인들의 레져 활동들이 보다 과감해졌다. 그러다보니 위험 발생율도 높아져 전문가의 도움이 요청되고 있는 현실이다.

외국의 경우에는 산악관광안내인, 승마관광안내인, 오지관광안내인, 항공 관련 스포츠 가이드, 동굴 탐험 가이드 등 우리나라에 없는 직업들이 있으며 국내에서도 스카이다이빙, 스킨스쿠버다이빙, 요트를 비롯한 해양스포츠 가이드, 카약, 레프팅, 패러글라이딩 분야의 가이드 등 새로운 직업 활동 분야가 날로 인기를 더하고 있다.

스포츠 마케팅

현대 사회 산업에 있어서 이미 큰 비중을 차지하고 있는 스포츠 관련 비즈니스는 최근 국내에서도 그 필요성이 날로 늘어가고 있다. 특히 국제화 사회에 있어서 언어의 장벽을 넘어 상품을 판매하고 국가나 회사의 브랜드 이미지를 강화하여 경제 발전으로 이어갈 수 있는 최고의 감성적 수단이 바로 스포츠이다. 스포츠가 가져오는 연대의식이나 자긍심 등은 막대한 경제적 생산 효과를 낳는다. 선진국들이, 그리고 선진국 진입을 눈앞에 둔 국가들이 그 막대한 돈을 들여서 국제 경기나 올림픽을 유치하려는 이유는 바로 스포츠가 갖는 이점 때문이다. 이것이 스포츠 마케팅의 출발점이자 바탕이라 할 수 있다.

스포츠 마케팅은 스포츠용품의 마케팅에서 스포츠 관련 서비스마케팅까지 지구를 무대로 뛸 수 있는 직업 분야로 스포츠산업에서 요구되어지는 스포츠와 경영마인드를 바탕으로 건전한 인성, 정보처리능력, 국제경영감각과 외국어, 스포츠 시장조사, 스포츠 이벤트개발, 선수관리와 발굴, 구단관리, 시설관리, 고객 수요분석, 관광 수요 현황 등 등에 대한 전문적 지식과 경험을 필요로 한다.

스포츠 마케팅산업은 전체 스포츠서비스업 가운데 2.1% 밖에 차지 하고 있지 않지만 스포츠 인구의 지속적인 증가와 스포츠 관광 인구의 저변 확대에 따라 스포츠마케팅 대행 및 컨설팅업, 스포츠 에이전트업 등이 크게 발전할 것으로 예상된다.

Part Three

Get a Job

체육지도자

체육 코치 취업에 스포츠지도사 자격 취득은 필수다. 스포츠지도사 자격
취득에는 모두 연수가 필수인데, 국민체육진흥공단에서는 전문스포츠지도사 1급
자격을 위한 연수가 가능하다.

정부가 체육 분야에서의 '인재'의 중요성을 인식하여, 질 높은 체육지도자를
양성하고자 1974년에 '체육지도자 자격증 제도'를 신설한 이후, 현재까지 대략
100,000여명 정도의 국가 공인 체육 지도자가 배출되었다.

이 밖에도 유아체육지도자, 한국스포츠마사지사, 운동처방사,
댄스스포츠지도자, 레크리에이션지도자, 포크댄스지도자 등 다양한 민간자격증을
보유한 지도자들이 존재하고 있으나 이에 대한 정확한 자료가 존재하지 않는
상태이다.

〈체육지도자 연수기관〉

- 1급 전문스포츠지도사 : 국민체육진흥공단
- 2급 전문스포츠지도사 : 한국체육대, 중앙대, 국기원(태권도
  단일종목), 동아대, 충남대, 조선대
- 건강운동관리사 : 연세대, 부경대, 순천향대, 조선대
- 1급 생활스포츠지도사 : 국민체육진흥공단, 원광대
- 2급 생활스포츠지도사 : 경기대, 경희대, 용인대, 인천대,
  중앙대, 한양대, 경남대, 경상대, 계명대, 부경대, 안동대,
  건국대, 충남대, 충북대, 호서대, 군산대, 전남대,
  전북대, 강릉원주대, 제주대
- 유소년스포츠지도사 : 중앙대, 경남대, 호서대, 광주대,
  가톨릭관동대
- 노인스포츠지도사 : 연세대, 이화여대, 신라대, 대전대,
  목포대, 호남대, 가톨릭관동대
- 1급 장애인스포츠지도사 : 2급 장애인스포츠지도사 취득 후
  3년 경력에 따라 국민체육진흥공단에서 연수(2019년부터 시행)
- 2급 장애인스포츠지도사 : 용인대, 한국체육대, 대구대,
  백석대, 원광대

〈체육지도자의 자격검정 시험 과목〉

■ 1급 전문스포츠지도사
　- 필기시험
　운동상해, 체육측정평가론, 트레이닝론, 스포츠영양학

　- 실기 및 구술시험(57개 중 해당 종목)
　검도, 골프, 궁도, 근대 5종, 농구, 당구, 럭비, 레슬링, 루지,
　봅슬레이스켈레톤, 바이애슬론, 배구, 배드민턴, 보디빌딩,
　복싱, 볼링, 빙상, 사격, 사이클, 산악, 세팍타크로, 소프트볼,
　수상스키, 수영, 수중, 스쿼시, 스키, 승마, 씨름, 아이스하키,
　야구, 양궁, 에어로빅, 역도, 요트, 우슈, 유도, 육상,
　인라인롤러, 정구, 조정, 주짓수, 체조, 축구, 카누, 컬링, 탁구,
　태권도, 테니스, 트라이애슬론, 펜싱, 하키, 핸드볼, 공수도,
　댄스스포츠, 택견, 힙합

■ 2급 전문스포츠지도사
　- 필기시험(7과목 중 5과목 선택)
　스포츠심리학, 운동생리학, 스포츠사회학, 운동역학,
　스포츠교육학, 스포츠윤리, 한국체육사

　- 실기 및 구술시험(57개 중 해당 종목)
　검도, 골프, 궁도, 근대 5종, 농구, 당구, 럭비, 레슬링, 루지,
　봅슬레이스켈레톤, 바이애슬론, 배구, 배드민턴, 보디빌딩,
　복싱, 볼링, 빙상, 사격, 사이클, 산악, 세팍타크로, 소프트볼,
　수상스키, 수영, 수중, 스쿼시, 스키, 승마, 씨름, 아이스하키,
　야구, 양궁, 에어로빅, 역도, 요트, 우슈, 유도, 육상,
　인라인롤러, 정구, 조정, 주짓수, 체조, 축구, 카누, 컬링, 탁구,

태권도, 테니스, 트라이애슬론, 펜싱, 하키, 핸드볼, 공수도,
댄스스포츠, 택견, 힙합

■ 건강운동관리사
- 필기시험
기능해부학(운동역학 포함), 운동생리학, 스포츠심리학,
건강ㆍ체력평가, 운동처방론, 병태생리학, 운동상해, 운동부하
검사

- 실기 및 구술시험 검정 내용
심폐소생술(CPR)/응급처치, 건강/체력측정평가,
운동트레이닝방법, 운동손상 평가 및 재활

■ 1급 생활스포츠지도사
- 필기시험
운동상해, 체육측정평가론, 트레이닝론, 건강교육론

- 실기 및 구술시험(65개 중 해당 종목)
검도, 게이트볼, 골프, 국학기공, 궁도, 댄스스포츠, 복싱, 농구,
당구, 라켓볼, 럭비, 레슬링, 레크리에이션, 리듬체조, 배구,
배드민턴, 보디빌딩, 볼링, 빙상, 소프트볼, 자전거, 등산,
세팍타크로, 수상스키, 수영, 스킨스쿠버, 스쿼시, 스키, 승마,
씨름, 야구, 양궁, 에어로빅, 오리엔티어링, 요트, 우슈,
윈드서핑, 유도, 인라인스케이트, 정구, 조정, 주짓수, 줄넘기,
축구, 치어리딩, 카누, 탁구, 태권도, 택견, 테니스, 행글라이딩,
사격, 아이스하키, 육상, 족구, 철인3종, 패러글라이딩, 펜싱,
폴로어볼, 하키, 합기도, 핸드볼, 풋살, 파크골프, 힙합

© chalermpon

■ 2급 생활스포츠지도사

- 필기시험(7과목 중 5과목 선택)

스포츠심리학, 운동생리학, 스포츠사회학, 운동역학,
스포츠교육학, 스포츠윤리, 한국체육사

- 실기 및 구술시험(65개 중 해당 종목)

검도, 게이트볼, 골프, 국학기공, 궁도, 댄스스포츠, 복싱, 농구,
당구, 라켓볼, 럭비, 레슬링, 레크리에이션, 리듬체조, 배구,
배드민턴, 보디빌딩, 볼링, 빙상, 소프트볼, 자전거, 등산,
세팍타크로, 수상스키, 수영, 스킨스쿠버, 스쿼시, 스키, 승마,
씨름, 야구, 양궁, 에어로빅, 오리엔티어링, 요트, 우슈,
윈드서핑, 유도, 인라인스케이트, 정구, 조정, 주짓수, 줄넘기,
축구, 치어리딩, 카누, 탁구, 태권도, 택견, 테니스, 행글라이딩,
사격, 아이스하키, 육상, 족구, 철인3종, 패러글라이딩, 펜싱,
풀로어볼, 하키, 합기도, 핸드볼, 풋살, 파크골프, 힙합

■ 유소년스포츠지도사

　- 필기시험(필수과목을 제외한 7과목 중 4과목 선택)

　유아체육론(필수), 스포츠심리학, 운동생리학, 스포츠사회학,

　운동역학, 스포츠교육학, 스포츠윤리, 한국체육사

　- 실기 및 구술시험(62개 중 해당 종목)

　검도, 게이트볼, 골프, 궁도, 농구, 당구, 댄스스포츠, 등산,

　라켓볼, 럭비, 레슬링, 레크리에이션, 리듬체조, 배구,

　배드민턴, 보디빌딩, 복싱, 볼링, 빙상, 사격, 세팍타크로,

　수상스키, 수영, 스킨스쿠버, 스쿼시, 스키, 승마, 씨름, 야구,

　양궁, 에어로빅, 오리엔티어링, 요트, 우슈, 윈드서핑, 유도,

　인라인스케이트, 정구, 조정, 축구, 카누, 탁구, 태권도, 택견,

　테니스, 펜싱, 플로어볼, 행글라이딩, 자전거, 사격,

　아이스하키, 육상, 족구, 철인3종, 패러글라이딩, 하키, 합기도,

　핸드볼, 풋살, 파크골프, 줄넘기, 플라잉디스크, 피구

■ 노인스포츠지도사

　-필기시험(필수과목을 제외한 7과목 중 4과목 선택)

　노인체육론(필수), 스포츠심리학, 운동생리학, 스포츠사회학,

　운동역학, 스포츠교육학, 스포츠윤리, 한국체육사

　-실기 및 구술시험(60개 중 해당 종목)

　검도, 게이트볼, 골프, 국학기공, 복싱, 농구, 당구, 라켓볼,

　럭비, 레슬링, 레크리에이션, 리듬체조, 배구, 배드민턴,

　보디빌딩, 볼링, 빙상, 자전거, 등산, 세팍타크로, 수상스키,

　수영, 스킨스쿠버, 스쿼시, 스키, 승마, 씨름, 야구, 양궁,

　에어로빅, 오리엔티어링, 요트, 우슈, 윈드서핑, 유도,

　인라인스케이트, 정구, 조정, 축구, 카누, 탁구, 태권도, 택견,

테니스, 행글라이딩, 궁도, 댄스스포츠, 사격, 아이스하키,
육상, 족구, 철인3종, 패러글라이딩, 펜싱, 하키, 합기도,
핸드볼, 풋살, 파크골프, 그라운드 골프

■ 1급 장애인스포츠지도사
  -필기시험
  장애인스포츠론, 운동상해, 체육측정평가론, 트레이닝론

  -실기 및 구술시험(36개 중 해당 종목)
  공수도, 골볼, 농구, 당구, 레슬링, 론볼, 배구, 배드민턴,
  보치아, 볼링, 사격, 사이클, 수영, 승마, 아이스하키, 양궁,
  역도, 오리엔티어링, 요트, 유도, 육상, 조정, 축구, 카누, 컬링,
  탁구, 태권도, 테니스, 트라이애슬론, 파크골프, 핸드볼,
  댄스스포츠, 럭비, 펜싱, 스노우보드,
  알파인스키 · 바이애슬론 · 크로스컨트리

■ 2급 장애인스포츠지도사
  -필기시험(필수과목을 제외한 7과목 중 4과목 선택)
  특수체육론(필수), 스포츠심리학, 운동생리학, 스포츠사회학,
  운동역학, 스포츠교육학, 스포츠윤리, 한국체육사

  -실기 및 구술시험(36개 중 해당 종목)
  공수도, 골볼, 농구, 당구, 레슬링, 론볼, 배구, 배드민턴, 보치아,
  볼링, 사격, 사이클, 수영, 승마, 아이스하키, 양궁, 역도,
  오리엔티어링, 요트, 유도, 육상, 조정, 축구, 카누, 컬링, 탁구,
  태권도, 테니스, 트라이애슬론, 파크골프, 핸드볼, 댄스스포츠,
  럭비, 펜싱, 스노우보드, 알파인스키 · 바이애슬론 · 크로스컨트리

〈체육지도자 연수과정〉

　체육지도자 자격 요건을 갖춘 자 중에서 실기 및 구술시험
합격자는 연수 과정을 이수할 수 있다. 필기시험 합격 한 해의
12월 31일로부터 3년 이내 연수과정을 이수해야 한다.(필기시험
면제자의 경우 실기 및 구술시험)

　연수기간
- 1급 전문스포츠지도사 과정
   : 250시간
- 2급 전문스포츠지도사 과정
   : 일반과정 - 90시간 / 특별과정 - 40시간
- 건강관리사 과정
   : 200시간
- 1급 생활스포츠지도사 과정
   : 일반과정 - 120시간 / 특별과정 - 40시간
- 2급 생활스포츠지도사 과정
   : 일반과정 - 90시간 / 특별과정 - 40시간
- 유소년스포츠지도사 과정
   : 일반과정 - 90시간 / 특별과정 - 40시간
- 노인스포츠지도사 과정
   : 일반과정 - 90시간 / 특별과정 - 40시간
- 1급 장애인지도사 과정
   : 250시간
- 2급 장애인지도사 과정
   : 일반과정 - 90시간 / 특별과정 - 40시간

경기감독 및 코치

경기 감독 및 코치는 국가대표팀을 비롯해 학교, 직장, 지역사회 등의 운동선수를 관리·지도하고 훈련하여 경기에서 좋은 성적을 거둘 수 있도록 돕는 사람이다. 운동 종목에 따라 축구감독 및 코치, 씨름감독 및 코치, 수영감독 및 코치 등으로 불리며, 소속에 따라 초·중·고·대학 감독 및 코치, 프로팀·실업팀 감독 및 코치 등으로 나눌 수 있다.

경기감독은 운동·훈련을 비롯한 선수단 전반을 지휘하는 총책임자이다. 선수들의 장·단점을 파악하여 최고의 기량을 얻을 수 있도록 훈련 계획을 세우고, 코치에게 선수훈련을 지시한다. 경기 전략과 전술을 세워서 선수들을 지도하고, 시합 시 출전 선수를 선발하고 배치하며, 선수 교체 및 작전을 지시한다. 판정에 이의가 있으면 판정위원회나 본부에 이의신청을 하기도 한다. 합숙훈련 계획 및 팀의 운영, 행정관련 업무를 수행하거나 다른팀의 경기를 참관하고 특정 선수를 테스트하여 스카우트하기도 한다.

코치는 경기감독의 총 지휘 아래 현장에서 선수들과 함께 운동하며 직접적으로 선수들을 지도하는 역할을 담당한다. 선수들의 체력을 관리해주고, 운동기술을 직접 보여주면서 훈련을 지도하고, 선수들의 개인기록을 점검하여 실력이 향상되도록 돕는다.

경기 중에는 감독과 함께 선수들을 관찰하고 작전을 짜며, 부상선수가 생기면 조치를 취하는 것도 코치의 일이다.

코치는 대부분 해당 종목의 운동기량이 뛰어난 선수 출신이 맡고 있으며, 일부는 선수생활을 병행하기도 한다. 종목마다 다르지만 일부 운동종목 특히 야구는 코치를 세분화하여 트레이닝코치, 컨디셔닝코치, 재활코치 등으로 구분하기도 한다.

경기감독 및 코치는 선수들의 부상 예방과 건강 관리에도 신경을 써야 한다. 첨단계측기 등을 이용해 선수들의 몸 상태를 테스트하고 그에 맞는 운동 처방과 치료를 통해 선수들이 최상의

© red mango

컨디션을 유지할 수 있도록 돕는다.

또한 선수가 경기에 출전할 때에는 개최지의 위치와 환경, 기후 등의 제반조건을 미리 파악하여 작전을 세우고 훈련할 때 이를 참고로 한다.

코치 중에는 학교를 순회하며 해당 종목의 선수 훈련이나 선수 발굴 등을 담당하는 사람이 있는데 이들을 순환코치라고 한다. 이들은 각 교육청에서 고용하여 상임감독 및 코치를 두기 어려운 학교를 돌아다니며 선수를 관리한다. 초·중·고등학교에서는 체육교사가 운동부 지도자를 겸임하는 경우가 많으며, 대학은 체육학과의 실기교수가 감독 및 코치의 역할을 하기도 한다.

경기감독 및 코치는 해당 종목의 선수로 활동하다가 감독이나 코치가 되는 경우가 많다. 그러나 감독이나 코치로 활동하기 위해서는 선수들을 이끌 수 있는 지도력뿐 아니라 이론과 기술적 지식이 필요하기 때문에 대학에서 체육관련 학문을 전공하는 것이 유리하다.

감독 및 코치로 일을 하려면 국민체육진흥공단의 지도자연수과정을 이수하고 전문스포츠지도사 1, 2급을 취득하는 것이 좋다. 특히 국가대표팀 감독이나 코치가 되기 위해서는 이 자격이 필수적으로 요구된다.

학교운동부의 순회코치 자격도 해당 종목의 선수로 활동했거나 해당 종목의 지도자자격증 취득자로 자격을 제한하고 있다. 체육교사가 많이 겸임하고 있는 초·중·고등학교의 운동부 지도자는 앞으로 경기지도자 또는 체육2급 정교사 자격 소지자로 자격을 제한할 것으로 보여 관련 자격을 갖추는 것이 유리하다.

관련학과로는 전문대학 및 대학교의 체육학과, 사회체육과, 경기지도학과, 태권도학과, 유도학과, 생활체육과, 스포츠과 등이 있으며 관련 자격증에는 국민체육진흥공단에서 시행하는 스포츠지도사 자격이 있다.

공개 채용보다는 개인의 실적을 평가하여 스카우트하는 체제가 보편화되어 있으며 주로 국가대표팀, 실업팀, 프로팀 학교 운동부 등에서 활동하게 된다. 이 밖에 체육관을 직접 운영하거나 스포츠해설가, 스포츠센터의 강사, 스포츠에이전트, 전문 스카우터 등으로 진출도 가능하며 본인이 체육시설업을 경영하기도 한다.

대학 학과는 스포츠 과학대학과 생활체육대학 학부로 나뉘며,
스포츠과학대학은 체육학과 중심으로 생활체육대학은
사회체육학과, 스포츠 청소년지도학과, 레저스포츠학과,
운동건강관리학과, 노인체육복지학과, 생활무용학과,
특수체육교육과, 태권도학과 중심으로 개설되어있다.
　　체육과 관련된 학과는 거의 모든 전문대와 4년제 대학에
개설되어 있다고 생각하면 되고, 그중 그래도 많이 알아주는
대학은 특성화 대학인 한국체육대학이다.

전문대학

    2020년 전문대학의 체육 관련학과의 수는 180개 학과에
13,738명이 재학하고 있는 것으로 나타났다. 2019년 194개 학과,
13,990명 학생 수에 비하여 학과 수와 학생 수가 감소 하였다.

    여학생 수는 전반적으로 비슷한 비율을 유지하고 있는 데 현재
전체 체육 관련학과 학생 수의 약 23% 정도이다.

    체육계열 전문대학과정 학과는 다양하게 있다. 무용과,
건강관리과, 경호스포츠과, 골프지도과, 관광레저스포츠과,
사회체육계열, 생활스포츠학과, 요가과, 태권도과, 실용댄스과,
레크리에이션과, 스포츠재활과, 태권도외교학과, 축구과,
스키스노보드전공, 골프산업과, 스포츠재활학과 등 거의 모든
전문대학에 체육과 관련된 학과가 개설되어 있다.

〈전문대학 체육 관련 학과수와 학생수〉

구분	2000년	2005년	2010년	2015년	2020년
학과 수	144개	184개	267개	238개	180개
학생 수	19,478명	22,865명	22,358명	17,188명	13,738명

4년제 대학교

■ 체육선생님이 되고자 한다면 : 체육교육학과
서울대, 연세대, 고려대, 중앙대, 건국대, 동국대, 단국대,
숙명여대, 인천대, 한국교원대 등

■ 체육인이 되고자 한다면 : 체육계열학과
성균관대, 한양대, 상명대, 시립대, 세종대, 국민대, 숭실대,
경기대, 명지대, 성신여대, 동덕여대, 서울여대, 덕성여대 등

■ 실기로 승부하고자 한다면
동국대, 성결대, 중앙대, 삼육대, 서울여대, 한신대, 강남대,
백석대, 순천향대 등

4년제 대학의 체육 관련학과는 2020년 기준으로 볼 때 534개
학과에 70,823명이 재학하고 있는 것으로 나타났다. 전문대와
마찬가지로 2019년에 비해 학과 수와 학생 수 모두 감소했다.
　체육 관련학과 전체 학생 수에서 여학생이 차지하는 비율이 약
28%인데 이는 체육 관련학과 전체 교원수 약 1,300여명에서
여성 교원이 차지하는 비율(약 22%)과 거의 비슷하다.

〈4년제 대학교 체육 관련 학과수와 학생수〉

구분	2000년	2005년	2010년	2015년	2020년
학과 수	264개	234개	451개	473개	534개
학생 수	44,145명	45,745명	69,197명	69,069명	70,823명

프로선수

운동선수가 되기 위한 특별한 조건이나 제한은 없다. 운동에 소질이 있어서 어릴 때부터 운동을 시작하거나 초등학교, 중·고등학교 운동부지도자에 의해 발굴되어 운동을 시작하는 경우가 많다. 일반적으로 중학교나 고등학교까지는 학업과 운동을 병행하며 고등학교를 졸업하면 본인의 선택에 따라 진로가 달라진다.

운동선수는 주로 해당 종목의 실업팀이나 프로팀 등으로 진출하여 활동하는데 고등학교 졸업 후 바로 팀에 입단하기도 하지만, 특기생으로 대학의 체육관련 학과에 진학하여 졸업 후 실업팀이나 프로팀에 입단하거나 외국으로 진출하는 경우가 많다.

보통 경기 성적과 관계되는 개인 기록 등을 바탕으로 프로팀이나 실업팀 등에서 스카우트 제안이 들어오기도 하며 감독이나 코치, 학교 등의 추천이나 본인의 지원으로 테스트를 거쳐 입단한다. 또 구단 연습생을 선발하는 종목은 연습생으로 지원해 프로선수가 되기도 하며, 실업팀에서 활동하다가 프로팀으로 스카우트되기도 한다.

국가대표 선수는 국제 경기대회에 국가의 대표로 파견하기
위하여 대한체육회 또는 경기단체가 선발하여 확정한다. 보통
국내외 대회 성적 및 국가 대표 선발전 성적, 발전 가능성, 기초
체력 및 기술, 대표 코치 의견 등을 고려하여 선발하고 있다. 일부
종목은 감독이 직접 국가 대표를 선정하기도 한다.

프로 스포츠인은 부상 위험이 크고, 체력적인 소모가 많은
직업으로 다른 직업보다 은퇴시기가 비교적 빠른 편이다.
종목마다 다르지만 보통은 30~40대 초반에 선수생활을
그만두고 코치나 감독 등 지도자가 되거나 경기심판이나 스포츠
강사, 스포츠 트레이너, 해설위원 등으로 진출한다. 이 외에
체육관이나 운동 관련용품 판매점 등을 직업 운영하기도 한다.

〈등록 선수의 변화〉

구분	2010년	2012년	2014년	2016년	2020년
초등	30,205명	30,370명	22,402명	26,833명	27,886명
중등	31,409명	30,926명	27,542명	29,918명	31,064명
고등	27,957명	26,926명	25,810명	26,569명	25,630명
대학	14,415명	13,836명	13,719명	14,064명	12,802명
일반	35,156명	26,643명	32,995명	40,364명	25,902명
합계	139,142명	128,701명	122,468명	137,748명	95,694명

스포츠 지도자 과정

　스포츠강사로 활동하기 위해서는 보통 해당 종목 강사로
활동할 수 있는 1, 2급 생활스포츠지도사 자격을 취득해야 한다.
1급 응시 기준은 전문대학 이상 졸업자로 체육관련 학과를
졸업한자 또는 2급 생활스포츠지도사 자격을 취득한 후 3년 이상
해당 종목의 지도경력이 있는 사람이다.

　2급 생활스포츠지도사 응시 기준은 만18세 이상이면 누구나
가능하다. 이 밖에 국민체육진흥공단에서 시행하는
전문스포츠지도사 자격을 취득하면 취업에 유리하다.

© Sergey Kuznecov

스포츠로서의 무술, 즉 규칙과 제도로 승화된 무술을 무도라 볼 때 K-1과 같은 이종격투기는 요즈음 젊은층으로 부터 매니아층을 형성하고 있을 정도로 인기도가 높다.

유명 격투기 선수 추성훈은 일본선수이기는 하지만 원래 한국 사람으로 유도로 우리나라에서 더 인기가 있는 선수다. 그리고 연예인이었던 윤형빈이 이종격투기 선수가 되어 첫 경기에 승리함으로 이종격투기의 인기가 상승하는데 일조하였다.

무도스포츠를 문화 속에서 찾아본다면 우선 역도산이나 바람의 파이터로 유명한 최배달의 삶을 볼 수 있다.

이들은 기술적인 면에서 보다 그들이 처한 사회적 환경 속에서 시련과 고난을 딛고 일어선 그들의 정신력 측면에서 진정한 무도정신을 찾아볼 수 있기에 더욱 관심을 모은다.

무도는 무술이 갖는 원시적인 특성으로 인하여 거친 느낌을 주지만 그 원시성이 절제된 규칙 속에서 표출되다보니 그 어떤 스포츠 보다 정신적 강인함을 심어 주는 것 같다.

무도스포츠 중에는 우리나라 고유의 무도로 세계적으로도 잘 알려진 태권도를 비롯하여 유도, 복싱, 격투기 등이 있는데 특히 남성들이 격투기에 관심이 높은 것은 치고, 박고, 쓰러지는 사이에 자기 자신이 자신감을 갖게 되는 것에 매력을 느껴서라고 한다. 이러한 특성, 즉 원시성과 문화성이 결합된 무도의 매력이라고 하겠다.

무도의 종류에 따라 급수가 다르며 승급이나 승단 규정도 각 무도 단체에서 개별적으로 규정하고 있어서 통일된 제도는 없지만 서로 비슷한 체계를 갖고 있다.

이러한 무도는 주로 동양에서 발달하였으나 오늘날에는 서양 사람들도 무척 많은 관심을 가지고 있다. 그래서 태권도, 유도, 검도 등은 이미 유럽 여러 나라에서 인기를 갖고 있어서 이민이나 유학을 갈 경우, 아니면 해외지사에 근무할 경우 무도의 자격증 사회적 친분 형성 차원을 넘어 경제적으로도 상당한 도움을 줄 수

© Som340 Studio

있다.

    국내에서도 일정한 단수 이상의 자격을 가지면 도장을 열 수
있고 이는 현대인들의 지친 심신을 단련하는데 아주
효과적이라서 여가시간을 이용한 부업으로도 최고의 직업이 될
수 있다.

    국내에서 도장을 열 수 있는 자격을 가지면 외국에서도 그대로
인정을 받아 도장을 열 수 있는 기회가 있을 수 있어 무도를
배우는 것은 꼭 학교가 아니더라도 오늘날 한국인이라면 한 가지
쯤은 배워 놓는 것이 좋지 않을까 한다. 단, 격렬한 운동이다 보니
무엇보다도 안전에 신경을 많이 써야 하며 반드시 보호장비를
착용하고 규칙을 지켜야 한다.

Part Four

Reference

제1조(목적)

이 법은 국민체육을 진흥하여 국민의 체력을 증진하고, 체육활동으로 연대감을 높이며, 공정한 스포츠 정신으로 체육인 인권을 보호하고, 국민의 행복과 자긍심을 높여 건강한 공동체의 실현에 이바지함을 목적으로 한다.

제2조(정의)

이 법에서 사용하는 용어의 뜻은 다음과 같다.

1. "체육"이란 운동경기·야외 운동 등 신체 활동을 통하여 건전한 신체와 정신을 기르고 여가를 선용하는 것을 말한다.

2. "전문체육"이란 선수들이 행하는 운동경기 활동을 말한다.

3. "생활체육"이란 건강과 체력 증진을 위하여 행하는 자발적이고 일상적인 체육 활동을 말한다.

4. "선수"란 경기단체에 선수로 등록된 자를 말한다.

4의2. "국가대표선수"란 대한체육회, 대한장애인체육회 또는 경기단체가
국제경기대회(친선경기대회는 제외한다)에 우리나라의 대표로 파견하기 위하여 선발·확정한 사람을
말한다.

5. "학교"란「초·중등교육법」제2조 및「고등교육법」제2조에 따른 학교를 말한다.

6. "체육지도자"란 학교·직장·지역사회 또는 체육단체 등에서 체육을 지도할 수 있도록 이 법에
따라 다음 각 목의 어느 하나에 해당하는 자격을 취득한 사람을 말한다.

　가. 스포츠지도사

　나. 건강운동관리사

　다. 장애인스포츠지도사

　라. 유소년스포츠지도사

　마. 노인스포츠지도사

7. "체육동호인조직"이란 같은 생활체육 활동에 지속적으로 참여하는 자의 모임을 말한다.

8. "운동경기부"란 선수로 구성된 국가, 지방자치단체, 학교나 직장 등의 운동부를 말한다.

9. "체육단체"란 체육에 관한 활동이나 사업을 목적으로 설립된 다음 각 목의 어느 하나에 해당하는
법인이나 단체를 말한다.

　가. 제5장에 따른 대한체육회, 시·도체육회 및 시·군·구체육회(이하 "지방체육회"라 한다),
　대한장애인체육회, 시·도장애인체육회 및 시·군·구장애인체육회(이하 "지방장애인체육회"라
　한다), 한국도핑방지위원회, 서울올림픽기념국민체육진흥공단

　나. 제11호에 따른 경기단체

　다.「태권도 진흥 및 태권도공원 조성 등에 관한 법률」제19조에 따른 국기원 및 같은 법 제20조에
　따른 태권도진흥재단

　라.「전통무예진흥법」제5조에 따른 전통무예단체

　마.「스포츠산업 진흥법」제20조에 따른 사업자단체

　바.「체육시설의 설치·이용에 관한 법률」제34조에 따른 체육시설업협회

　사. 국내대회, 국제대회 등 대회 개최를 위하여 설립된 대회조직위원회

　아. 그 밖의 체육활동 법인 또는 단체

10. "도핑"이란 선수의 운동능력을 강화시키기 위하여 문화체육관광부장관이 고시하는 금지 목록에
포함된 약물 또는 방법을 복용하거나 사용하는 것을 말한다.

11. "경기단체"란 특정 경기 종목에 관한 활동과 사업을 목적으로 설립되고 대한체육회나
대한장애인체육회에 가맹된 법인이나 단체 또는 문화체육관광부장관이 지정하는 프로스포츠
단체를 말한다.

11의2. "스포츠비리"란 체육의 공정성을 저해하는 다음 각 목의 어느 하나에 해당하는 행위를
말한다.

　가. 체육단체의 운영 중 발생하는 회계부정, 배임, 횡령 및 뇌물수수 등 체육단체의 투명하고

민주적인 운영을 저해하는 행위

　나. 운동경기 활동 중 발생하는 승부조작, 편파판정 등 운동경기의 공정한 운영을 저해하는 행위

12. "체육진흥투표권"이란 운동경기 결과를 적중시킨 자에게 환급금을 내주는 표권(票券)으로서 투표 방법과 금액, 그 밖에 대통령령으로 정하는 사항이 적혀 있는 것을 말한다.

제11조(체육지도자의 양성)

① 국가는 국민체육 진흥을 위한 체육지도자의 양성과 자질 향상을 위하여 필요한 시책을 마련하여야 한다.

② 문화체육관광부장관은 대통령령으로 정하는 자격 요건을 갖춘 사람으로서 체육지도자 자격검정(이하 "자격검정"이라 한다)에 합격하고 체육지도자 연수과정(이하 "연수과정"이라 한다)을 이수한 사람에게 문화체육관광부령으로 정하는 바에 따라 체육지도자의 자격증을 발급한다. 다만, 학교체육교사 및 선수(문화체육관광부장관이 지정하는 프로스포츠단체에 등록된 프로스포츠선수를 포함한다) 등 대통령령으로 정하는 사람에게는 대통령령으로 정하는 바에 따라 자격검정이나 연수과정의 일부(제3항에 따른 성폭력 등 폭력 예방교육은 제외한다)를 면제할 수 있다.

③ 연수과정에는 성폭력 등 폭력 예방교육 등 문화체육관광부령으로 정하는 사항이 포함되어야 한다.

④ 제2항에 따라 자격검정이나 연수를 받거나 자격증을 발급 또는 재발급 받으려는 사람은 문화체육관광부령으로 정하는 바에 따라 수수료를 납부하여야 한다.

⑤ 체육지도자의 종류 · 등급 · 검정 및 자격 부여 등에 필요한 사항은 대통령령으로 정한다.

제11조의5(체육지도자의 결격사유)

다음 각 호의 어느 하나에 해당하는 사람은 체육지도자가 될 수 없다.

1. 피성년후견인

2. 금고 이상의 형을 선고받고 그 집행이 종료되거나 집행이 면제된 날부터 2년이 지나지 아니한 사람

3. 금고 이상의 형의 집행유예를 선고받고 그 유예기간 중에 있는 사람

4. 다음 각 목의 어느 하나에 해당하는 죄를 저지른 사람으로서 금고 이상의 형 또는 치료감호를 선고받고 그 집행이 종료되거나 집행이 유예 · 면제된 날부터 20년이 지나지 아니하거나 벌금형이 확정된 날부터 10년이 지나지 아니한 사람

　가. 「성폭력범죄의 처벌 등에 관한 특례법」 제2조에 따른 성폭력범죄

　나. 「아동 · 청소년의 성보호에 관한 법률」 제2조제2호에 따른 아동 · 청소년대상 성범죄

5. 선수를 대상으로 「형법」 제2편제25장 상해와 폭행의 죄를 저지른 체육지도자(제12조제1항에 따라 자격이 취소된 사람을 포함한다)로서 금고 이상의 형을 선고받고 그 집행이 종료되거나 집행이 유예 · 면제된 날부터 10년이 지나지 아니한 사람

6. 제12조제1항제1호부터 제4호까지에 따라 자격이 취소(이 조 제1호에 해당하여 자격이 취소된 경우는 제외한다)되거나 같은 조 제3항에 따라 자격검정이 중지 또는 무효로 된 후 3년이 경과되지 아니한

사람

제12조(체육지도자의 자격취소 등)

① 문화체육관광부장관은 체육지도자가 다음 각 호의 어느 하나에 해당하면 제12조의2에 따른 체육지도자 자격운영위원회의 의결에 따라 그 자격을 취소하거나 5년의 범위에서 자격을 정지할 수 있다. 다만, 제1호부터 제4호까지의 어느 하나에 해당하면 그 자격을 취소하여야 한다.

  1. 거짓이나 그 밖의 부정한 방법으로 체육지도자의 자격을 취득한 경우

  2. 자격정지 기간 중에 업무를 수행한 경우

  3. 체육지도자 자격증을 타인에게 대여한 경우

  4. 제11조의5 각 호의 어느 하나에 해당하는 경우

  5. 선수의 신체에 폭행을 가하거나 상해를 입히는 행위를 한 경우

  6. 선수에게 성희롱 또는 성폭력에 해당하는 행위를 한 경우

  7. 제11조의6제1항에 따른 재교육을 받지 아니한 경우

  8. 그 밖에 직무수행 중 부정이나 비위 사실이 있는 경우

③ 자격검정을 받는 사람이 그 검정과정에서 부정행위를 한 때에는 현장에서 그 검정을 중지시키거나 무효로 한다.

④ 제1항에 따라 체육지도자 자격이 취소된 사람은 문화체육관광부령으로 정하는 바에 따라 체육지도자 자격증을 문화체육관광부장관에게 반납하여야 한다.

⑤ 제1항에 따른 행정처분의 세부적인 기준 및 절차는 그 사유와 위반 정도를 고려하여 문화체육관광부령으로 정한다.

제14조(선수 등의 육성)

① 국가와 지방자치단체는 선수와 체육지도자에 대하여 필요한 육성을 하여야 한다.

② 국가와 지방자치단체는 우수 선수와 체육지도자 육성을 위하여 필요한 표창제도를 마련하여야 한다.

③ 국가, 지방자치단체, 공공기관, 그 밖에 대통령령으로 정하는 단체는 대통령령으로 정하는 우수 선수에게 아마추어 경기 생활을 할 수 있게 하기 위하여 문화체육관광부장관이 요청하면 우수 선수와 체육지도자를 고용하여야 한다.

제14조의3(선수 등의 금지행위)

① 전문체육에 해당하는 운동경기의 선수 · 감독 · 코치 · 심판 및 경기단체의 임직원(이하 "전문체육선수등"이라 한다)은 운동경기에 관하여 부정한 청탁을 받고 재물이나 재산상의 이익을 받거나 요구 또는 약속하여서는 아니 된다.

② 전문체육선수등은 운동경기에 관하여 부정한 청탁을 받고 제3자에게 재물이나 재산상의 이익을 제공하거나 제공할 것을 요구 또는 약속하여서는 아니 된다.

제15조(도핑 방지 활동)

① 국가는 스포츠 활동에서 약물 등으로부터 선수를 보호하고 공정한 경쟁을 통한 스포츠 정신을 높이기 위하여 도핑 방지를 위한 시책을 수립하여야 한다.

② 국가는 도핑을 예방하기 위하여 선수와 체육지도자를 대상으로 교육과 홍보를 실시하여야 하고, 체육단체 및 경기단체의 도핑 방지 활동을 지도 · 감독하여야 한다.

제16조(여가 체육의 육성)

①국가와 지방자치단체는 국민이 여가를 선용할 수 있도록 하기 위하여 여가 체육 활동의 육성 · 지원에 필요한 시책을 마련하여야 한다.

②국가와 지방자치단체는 레크리에이션 보급과 프로 경기의 건전한 육성을 위하여 노력하여야 하며, 경마와 경륜 · 경정 등 국민 여가 체육 활동이 건전하게 시행되도록 지도하여야 한다.

제17조(체육 용구의 생산 장려 등)

① 국가와 지방자치단체는 국민체육 진흥을 위하여 대통령령으로 정하는 체육 용구 · 기자재(이하 "체육용구등"이라 한다)의 생산 장려에 필요한 조치를 마련하여야 한다.

② 문화체육관광부장관은 국민체육진흥을 위하여 특히 필요하다고 인정하면 제1항의 체육용구등을 생산하는 업체 중 우수 업체를 지정하여 서울올림픽기념국민체육진흥공단으로 하여금 국민체육진흥기금의 국민체육진흥계정에서 그 자금을 융자하게 할 수 있다.

③ 문화체육관광부장관은 체육시설의 설치를 위하여 필요하다고 인정되는 경우와 체육과 관련된 용역을 제공하는 업종으로서 다음 각 호의 어느 하나에 해당하는 산업의 육성을 위하여 필요하다고 인정되는 경우에는 서울올림픽기념국민체육진흥공단으로 하여금 그 자금을 융자하게 할 수 있다.

 1. 운동경기의 개최 및 지원과 관련된 경기 전문 종사업

 2. 체육 행사의 기획, 수익사업의 대리 및 선수 등의 계약 대리와 관련된 업(業)

 3. 체육 관련 정보를 생산하거나 제공하는 업

 4. 그 밖에 대통령령으로 정하는 업종

④ 정부는 고도의 정밀성 등으로 어쩔 수 없이 수입하여야만 하는 체육용구등에 대하여 「조세특례제한법」으로 정하는 바에 따라 조세 감면 조치를 할 수 있다.

⑤ 제2항에 따라 우수 업체로 지정을 받으려는 자는 문화체육관광부장관에게 신청하여야 한다.

⑥ 제5항에 따른 신청을 받은 문화체육관광부장관은 우수 업체를 지정하고자 할 때에는 산업통상자원부장관과 미리 협의하여야 한다. 이 경우 산업통상자원부장관은 특별한 사유가 없는 한 협의요청을 받은 날부터 20일 이내에 문화체육관광부장관에게 의견을 제시하여야 한다.

⑦ 문화체육관광부장관은 제2항에 따라 우수 업체로 지정받은 자가 국민체육진흥기금의 국민체육진흥계정에서 융자받은 자금을 융자 목적 외에 사용한 때에는 그 지정을 취소할 수 있다.

⑧ 지방자치단체는 제1항에 따른 체육용구등의 생산 장려에 필요한 조치에 관한 사항을 조례로 정할 수 있다.

제18조(지방자치단체와 학교 등에 대한 보조)

① 국가는 회계연도마다 예산의 범위에서 지방자치단체와 학교 등에 대하여 체육 진흥에 필요한 경비의 일부를 보조한다.

② 국가와 지방자치단체는 대한체육회, 지방체육회, 대한장애인체육회, 지방장애인체육회, 한국도핑방지위원회, 서울올림픽기념국민체육진흥공단, 스포츠윤리센터, 그 밖의 체육단체와 체육과학 연구기관에 대하여 필요한 경비나 연구비의 일부를 보조한다.

③ 지방자치단체는 지방체육회와 지방장애인체육회에 예산의 범위에서 운영비를 지원하여야 한다. 이 경우 지원에 필요한 사항은 조례로 정한다.

제19조(기금의 설치 등)

① 다음 각 호에 필요한 경비를 지원하기 위하여 국민체육진흥기금(이하 "기금"이라 한다)을 설치한다.

  1. 체육 진흥에 필요한 시설 비용

  2. 체육인의 복지 향상

  3. 체육단체 육성

  4. 학교 체육 및 직장 체육 육성

  5. 체육 · 문화예술 전문인력 양성

  6. 취약분야 육성

  7. 스포츠산업 진흥

  8. 사행산업 또는 불법사행산업으로 인한 중독 및 도박 문제의 예방 · 치유

  9. 그 밖에 국민체육 진흥 등을 위하여 대통령령으로 정하는 사항

② 기금은 국민체육진흥계정 및 사행산업중독예방치유계정으로 구분한다.

③ 국민체육진흥계정은 서울올림픽기념국민체육진흥공단이, 사행산업중독예방치유계정은 「사행산업통합감독위원회법」 제4조에 따른 사행산업통합감독위원회가 각각 독립된 회계로 관리 · 운용한다.

④ 그 밖에 기금의 관리 · 운용에 필요한 사항은 대통령령으로 정한다.

제20조(기금의 조성)

① 국민체육진흥계정은 다음 각 호의 재원으로 조성하며, 사행산업중독예방치유계정은 「사행산업통합감독위원회법」 제14조의4에서 정하는 바에 따른다.

  1. 정부와 정부 외의 자의 출연금(出捐金)

  2. 문화체육관광부장관이 승인하는 광고 사업의 수입금

  3. 골프장(회원제로 운영하는 골프장을 말한다. 이하 같다) 시설의 입장료에 대한 부가금

  4. 국민체육진흥계정의 운용으로 생기는 수익금

  5. 「복권 및 복권기금법」 제23조제1항에 따라 배분된 복권수익금

6. 제22조제4항제3호부터 제5호까지의 규정에 따른 출자 등에 따른 수익금

7. 제29조제2항에 따른 출연금

8. 그 밖에 대통령령으로 정하는 수입금

② 정부는 제1항제1호의 출연금을 회계연도마다 세출예산에 계상(計上)하여야 한다.

③ 제1항제1호에 따라 정부 외의 자가 출연하는 경우 그 용도를 지정하여 출연할 수 있다. 다만, 특정 개인에 대한 지원을 용도로 지정할 수 없다.

④ 제19조제3항에 따른 계정의 관리·운용 주체는 계정의 운용을 위하여 필요한 때에는 각 계정의 부담으로 자금을 차입(국제기구, 외국 또는 외국인으로부터의 차입을 포함한다)하거나 물자를 도입할 수 있다.

제21조(올림픽 휘장 사업)

① 올림픽을 상징하는 오륜(五輪)과 오륜을 포함하고 있는 모든 표지·도안·표어 또는 이와 비슷한 것을 영리를 목적으로 사용하려는 자는 대한올림픽위원회의 승인을 받아야 한다.

② 대한올림픽위원회는 제1항의 승인에 관한 권한을 서울올림픽기념국민체육진흥공단으로 하여금 대행하게 할 수 있다.

③ 제1항에 따른 사용 승인을 받은 자는 대통령령으로 정하는 바에 따라 그 사용료를 내야 한다.

제22조(기금의 사용 등)

① 국민체육진흥계정은 다음 각 호의 사업이나 지원 등을 위하여 사용하고,
사행산업중독예방치유계정은 「사행산업통합감독위원회법」 제14조의4에서 정하는 바에 따라
사용한다.

1. 국민체육 진흥을 위한 연구·개발 및 그 보급 사업

2. 국민체육시설 확충을 위한 지원 사업

3. 선수와 체육지도자 양성을 위한 사업

4. 「체육인 복지법」에 따른 지원 사업 등 체육인의 복지 향상을 위한 사업

5. 광고나 그 밖에 국민체육진흥계정 조성을 위한 사업

7. 제17조제2항 및 제3항에 따른 자금의 융자

8. 제24회 서울올림픽대회와 제8회 서울장애인올림픽대회를 기념하기 위한 사업

10. 대한체육회, 지방체육회, 대한장애인체육회, 지방장애인체육회, 한국도핑방지위원회,
생활체육 관련 체육단체와 체육 과학 연구기관, 스포츠윤리센터 및 체육인재육성 관련 단체의
운영·지원

11. 저소득층의 체육 활동 지원

11의2. 「스포츠산업 진흥법」 제2조제2호에 따른 스포츠산업 진흥을 위한 지원 사업

11의3. 체육계의 성폭력 등 폭력 예방 및 신고자·피해자 지원

12. 그 밖에 체육 진흥을 위한 사업으로서 대통령령으로 정하는 사업

② 제1항에도 불구하고 제29조제2항에 따라 국민체육진흥계정에 출연되어 조성된 재원 중 대통령령으로 정하는 배분 비율에 해당하는 금액에 대해서는 다음 각 호의 목적에 사용할 수 있다. 이 경우 그 시기 및 방법에 대해서는 대통령령으로 정한다.

　1. 대통령령으로 정하는 지방자치단체의 공공체육시설의 개수·보수 지원. 이 경우 개수·보수에 사용되는 총 재원 중 국민체육진흥계정의 지원 비율은 대통령령으로 정한다.

　2. 체육진흥투표권 발행 대상 운동경기를 주최하는 단체의 지원, 체육진흥투표권 비발행 대상 종목의 육성과 스포츠 공정성 제고를 위한 사업의 지원. 이 경우 지원 대상사업은 문화체육관광부령으로 정한다.

　3. 다음 각 목에 해당하는 체육·문화예술 사업의 지원

　　가. 학교 체육 활성화를 위한 사업

　　나. 학교 및 직장 운동경기부 활성화를 위한 사업

　　다. 심판 양성 및 지원을 위한 사업

　　라. 체육·문화예술 분야 전문인력 양성 사업

　　마. 문화예술 취약분야 육성을 위한 사업

　　바. 그 밖에 체육·문화예술 진흥을 위하여 특별히 지원이 필요한 사업

③ 제19조제3항에 따라 국민체육진흥계정을 관리하는 기관(이하 "계정관리기관"이라 한다)이 국민체육진흥계정을 관리·운용하는 경우에 국가나 지방자치단체는 국민체육진흥계정 조성을 지원하기 위하여 계정관리기관에 국유 또는 공유의 시설·물품, 그 밖의 재산을 그 용도나 목적에 지장을 주지 아니하는 범위에서 무상으로 사용·수익하게 하거나 대부할 수 있다.

④ 계정관리기관은 국민체육 진흥, 청소년 육성, 스포츠산업 진흥 또는 기금 조성을 위하여 국민체육진흥계정의 일부나 계정관리기관의 시설·물품, 그 밖의 재산의 일부를 다음의 기금이나 사업 등에 출연하거나 출자할 수 있다. 다만, 제5호의 경우 문화체육관광부장관이 스포츠산업에 대한 투자분을 인정한 경우에만 출자할 수 있다.

　1. 「청소년기본법」에 따른 청소년육성기금

　2. 경기단체의 기본 재산

　3. 경륜·경정 사업과 종합 유선 방송 사업

　4. 제36조제1항제3호에 따른 체육시설의 설치·관리·운영

　5. 「스포츠산업 진흥법」 제16조에 따른 조합 또는 회사

제24조(체육진흥투표권의 발행사업 등)

① 서울올림픽기념국민체육진흥공단은 국민의 여가 체육 육성 및 체육 진흥 등에 필요한 재원 조성을 위하여 체육진흥투표권 발행 사업을 할 수 있다.

② 체육진흥투표권의 종류, 투표 방법, 단위 투표 금액, 대상 운동경기 및 각종 국내외 운동경기대회, 그 밖에 필요한 사항은 대통령령으로 정한다. 다만, 체육진흥투표권의 연간 발행회차는 서울올림픽기념국민체육진흥공단과 제25조에 따른 수탁사업자가 매년 협의하여 정하되,

문화체육관광부장관의 승인을 받아야 한다.

③ 제1항에 따른 체육진흥투표권의 발행 사업에 대하여는 「사행행위 등 규제 및 처벌특례법」을
적용하지 아니한다.

제25조(체육진흥투표권 발행 사업의 위탁 등)

① 서울올림픽기념국민체육진흥공단은 체육진흥투표권 발행 사업을 효율적으로 수행하기 위하여
대통령령으로 정하는 바에 따라 문화체육관광부장관의 승인을 받아
서울올림픽기념국민체육진흥공단이 발행주식의 총수를 소유하고 있는 「상법」에 따른 주식회사(이하
"수탁사업자"라 한다)에게 체육진흥투표권 발행사업을 위탁하여 운영하도록 한다.

② 제1항에 따라 체육진흥투표권 발행 사업의 위탁 승인 대상이 되는 수탁사업자는 다음 각 호의
모든 요건을 갖추어야 한다.

  1. 체육진흥투표권 발행 사업 수행에 필요한 경제적 · 기술적 능력이 있을 것

  2. 국내외에서 거짓이나 그 밖의 부정한 체육진흥투표권 발행 사업, 그 밖에 비슷한 사업 수행으로
  처벌받은 사실이 없을 것

  3. 그 밖에 대통령령으로 정하는 사항

제29조(수익금의 사용)

① 수탁사업자는 매 사업연도 체육진흥투표권 발행 사업의 총매출액 중 제27조에 따른 환급금과
제28조에 따른 위탁 운영비를 제외한 금액에 대하여는 문화체육관광부령으로 정하는 바에 따라
서울올림픽기념국민체육진흥공단으로 넘겨준다.

② 서울올림픽기념국민체육진흥공단은 제1항에 따라 수탁사업자로부터 넘겨받은 금액을
국민체육진흥계정에 출연하고, 그 결과를 문화체육관광부장관에게 보고하여야 한다.

제33조(대한체육회)

① 체육 진흥에 관한 다음 각 호의 사업과 활동을 하게 하기 위하여 문화체육관광부장관의 인가를
받아 대한체육회(이하 "체육회"라 한다)를 설립한다.

  1. 체육회에 가맹된 경기단체와 생활체육종목단체 등의 사업과 활동에 대한 지도와 지원

  2. 체육대회의 개최와 국제 교류

  3. 선수 양성과 경기력 향상 등 전문체육 진흥을 위한 사업

  4. 체육인의 복지 향상

  5. 국가대표 은퇴선수 지원사업

  5의2. 생활체육 프로그램 개발 및 보급

  5의3. 스포츠클럽 및 체육동호인조직의 활동 지원

  5의4. 생활체육 진흥에 관한 조사 및 연구

  5의5. 전문체육과 생활체육과의 연계 사업

6. 그 밖에 체육 진흥을 위하여 필요한 사업

② 체육회는 제1항에 따른 목적 달성에 필요한 경비를 마련하기 위하여 대통령령으로 정하는 바에 따라 수익사업을 할 수 있다.

③ 체육회는 법인으로 한다.

④ 체육회는 정관으로 정하는 바에 따라 지부·지회 또는 해외 지회를 둘 수 있다.

⑤ 체육회의 회원과 회비 징수에 필요한 사항은 정관으로 정한다.

⑥ 체육회의 임원 중 회장은 정관으로 정하는 바에 따라 투표로 선출하되, 문화체육관광부장관의 승인을 받아 취임한다.

⑦ 체육회는 제6항에 따른 회장 선출에 대한 선거관리를 정관으로 정하는 바에 따라 「선거관리위원회법」에 따른 중앙선거관리위원회에 위탁하여야 한다.

⑧ 체육회에 관하여 이 법에서 규정한 것 외에는 「민법」 중 사단법인에 관한 규정을 준용한다.

제34조(대한장애인체육회)

① 장애인 체육 진흥에 관한 다음 각 호의 사업과 활동을 하게 하기 위하여 문화체육관광부장관의 인가를 받아 대한장애인체육회(이하 "장애인체육회"라 한다)를 설립한다.

　　1. 장애인 경기단체의 사업과 활동에 대한 지도와 지원

　　2. 장애인 체육경기대회 개최와 국제 교류

　　3. 장애인 선수 양성과 경기력 향상 등 장애인 전문체육 진흥을 위한 사업

　　4. 장애인 생활체육의 육성과 보급

　　5. 장애인 선수, 장애인 체육지도자와 장애인 체육계 유공자의 복지 향상

　　6. 그 밖에 장애인 체육 진흥을 위하여 필요한 사업

② 장애인체육회는 제1항에 따른 목적 달성에 필요한 경비를 마련하기 위하여 대통령령으로 정하는 바에 따라 수익사업을 할 수 있다.

③ 장애인체육회는 법인으로 한다.

④ 장애인체육회는 정관으로 정하는 바에 따라 지부·지회인 지방장애인체육회 또는 해외 지회를 둘 수 있다. 이 경우 지방장애인체육회의 명칭은 해당 지방장애인체육회가 설치된 지방자치단체의 명칭에 "장애인체육회"를 붙여 사용한다.

⑤ 장애인체육회의 회원과 회비 징수에 필요한 사항은 정관으로 정한다.

⑥ 장애인체육회는 임원으로서 회장·부회장·이사 및 감사를 둔다.

⑦ 제6항에 따른 임원의 정원, 임기 및 선출 방법 등은 정관으로 정한다. 다만, 회장은 정관으로 정하는 바에 따라 투표로 선출하되, 문화체육관광부장관의 승인을 받아 취임한다.

⑧ 장애인체육회는 제7항 단서에 따른 회장 선출에 대한 선거관리를 정관으로 정하는 바에 따라 「선거관리위원회법」에 따른 중앙선거관리위원회에 위탁하여야 한다.

⑨ 장애인체육회에 관하여 이 법에서 규정한 것 외에는 「민법」 중 사단법인에 관한 규정을 준용한다.

제35조(한국도핑방지위원회의 설립)

① 도핑과 관련된 다음 각 호의 사업과 활동을 하게 하기 위하여 문화체육관광부장관의 인가를 받아 한국도핑방지위원회(이하 "도핑방지위원회"라 한다)를 설립한다.

  1. 도핑 방지를 위한 교육, 홍보, 정보 수집 및 연구

  2. 도핑 검사 계획의 수립과 집행

  3. 도핑 검사 결과의 관리와 그 결과에 따른 제재

  4. 도핑 방지를 위한 국내외 교류와 협력

  5. 치료 목적으로 제2조제10호의 약물이나 방법을 예외적으로 사용하는 것에 대한 허용 기준의 수립과 그 시행

  6. 그 밖에 도핑 방지를 위하여 필요한 사업과 활동

② 도핑방지위원회는 법인으로 한다.

③ 도핑방지위원회는 위원장 1명과 부위원장 1명을 포함한 11명 이내의 위원으로 구성하고, 위원의 임기와 선출 방법 등은 정관으로 정한다.

④ 도핑방지위원회는 제1항에 따른 사업과 활동에 필요한 경비를 마련하기 위하여 대통령령으로 정하는 바에 따라 수익사업을 할 수 있다.

⑤ 도핑방지위원회에 관하여 이 법에 정한 것 외에는「민법」중 재단법인에 관한 규정을 준용한다.

⑥ 도핑방지위원회는 그 업무를 수행하기 위하여 필요하면 관계 행정기관의 소속 공무원이나 관계 기관·단체 등의 임직원의 파견을 요청할 수 있다.

제36조(서울올림픽기념국민체육진흥공단)

① 제24회 서울올림픽대회를 기념하고 국민체육 진흥을 위한 다음의 사업을 하게 하기 위하여 문화체육관광부장관의 인가를 받아 서울올림픽기념국민체육진흥공단(이하 "진흥공단"이라 한다)을 설립한다.

  1. 제24회 서울올림픽대회 기념사업

  2. 국민체육진흥계정의 조성, 운용 및 관리와 이에 딸린 사업

  3. 체육시설의 설치·관리 및 이에 따른 부동산의 취득·임대 등 운영 사업

  4. 체육 과학의 연구

  5. 체육분야(체육인을 포함한다) 전반의 복지사업

  6. 그 밖에 문화체육관광부장관이 인정하는 사업

② 진흥공단은 법인으로 한다.

③ 진흥공단에 관하여 이 법 및 「공공기관의 운영에 관한 법률」에서 규정한 것 외에는「민법」중 재단법인에 관한 규정을 준용한다.

④ 진흥공단은 제1항제3호에 따른 체육시설 중 제24회 서울올림픽대회를 위하여 설치된 체육시설의 유지·관리에 드는 경비를 충당하기 위하여 그 체육시설에 입장하는 자로부터 입장료를 받을 수 있다.

© Stefan Schurr

제1조(목적)

이 영은 「국민체육진흥법」에서 위임된 사항과 그 시행에 필요한 사항을 규정함을 목적으로 한다.

제2조(정의)

이 영에서 사용하는 용어의 뜻은 다음과 같다.

1. 삭제

2. "우수 선수"란 국내전국대회에서 대회신기록을 수립하거나 입상한 선수(단체경기에서 입상한 경우에는 그 단체경기에 참가한 각 선수를 말한다)나 국제경기대회(친선경기대회는 제외한다)에 파견된 선수로서 문화체육관광부장관이 인정한 선수를 말한다.

3. "경기경력"이란 학교, 직장 등에서 선수로 활동한 경력을 말한다.

4. "경기지도경력"이란 학교, 직장 등에서 선수를 직접 지도한 경력을 말한다.

5. "지도경력"이란 학교, 직장이나 체육시설(「체육시설의 설치·이용에 관한 법률」 제5조부터 제7조까지의 규정에 따른 체육시설과 제10조에 따른 체육시설업의 시설을 말한다)에서 선수나 일반인을 직접 지도한 경력을 말한다.

6. "스포츠지도사"란 별표 1의 자격 종목에 대하여 전문체육이나 생활체육을 지도하는 사람을 말한다.

7. "건강운동관리사"란 개인의 체력적 특성에 적합한 운동 형태, 강도, 빈도 및 시간 등 운동 수행방법에 대하여 지도·관리하는 사람을 말한다.

8. "장애인스포츠지도사"란 장애유형에 따른 운동방법 등에 대한 지식을 갖추고 별표 1의 자격 종목에 대하여 장애인을 대상으로 전문체육이나 생활체육을 지도하는 사람을 말한다.

9. "유소년스포츠지도사"란 유소년(만 3세부터 중학교 취학 전까지를 말한다. 이하 같다)의 행동양식, 신체발달 등에 대한 지식을 갖추고 별표 1의 자격 종목에 대하여 유소년을 대상으로 체육을 지도하는 사람을 말한다.

10. "노인스포츠지도사"란 노인의 신체적·정신적 변화 등에 대한 지식을 갖추고 별표 1의 자격 종목에 대하여 노인을 대상으로 생활체육을 지도하는 사람을 말한다.

제3조(국민체육 진흥 시책)

① 「국민체육진흥법」(이하 "법"이라 한다) 제4조제1항에 따라 문화체육관광부장관이 수립하여 시행하는 국민체육 진흥에 관한 기본 시책(이하 "기본시책"이라 한다)에는 다음 각 호의 사항이 포함되어야 한다.

　　1. 생활체육의 진흥

　　2. 선수와 체육지도자의 보호·육성

　　3. 체육시설의 설치와 유지·보수 및 관리

　　4. 체육과학의 진흥

　　5. 여가 체육 활동의 육성·지원

　　6. 그 밖에 국민체육 진흥에 관한 사항

② 문화체육관광부장관은 기본시책을 수립한 때에는 특별시장·광역시장·특별자치시장·도지사 또는 특별자치도지사(이하 "시·도지사"라 한다)에게 알려야 한다.

③ 문화체육관광부장관은 기본시책에 따라 연도별 국민체육 진흥 시행계획을 수립하여 시행하여야 한다.

제4조(지방체육 진흥 계획)

① 시·도지사는 기본시책에 따라 해당 특별시·광역시·특별자치시·도 또는 특별자치도의 체육 진흥 계획을 수립하여야 하며, 이를 시장·군수·구청장(자치구의 구청장을 말한다. 이하 같다)에게 알려야 한다.

② 시장·군수·구청장은 제1항에 따른 체육 진흥 계획에 따라 해당 시·군·구(자치구를 말한다)의

체육 진흥 계획을 수립하여 시행하여야 한다.

③ 지방자치단체의 장은 제1항과 제2항에 따른 체육 진흥 계획과 그 추진 실적을 문화체육관광부령으로 정하는 바에 따라 문화체육관광부장관(시장·군수·구청장의 경우에는 시·도지사)에게 보고하여야 한다.

제6조(학교 체육의 진흥을 위한 조치)
법 제9조에 따라 학생의 체력 증진과 체육 활동의 육성을 위하여 학교가 취하여야 할 조치는 다음 각 호와 같다.
1. 운동회나 체육대회의 실시
2. 학생에 대한 한 종목 이상의 운동 권장과 지도
3. 체육동호인조직의 결성 등 학생의 자발적 체육 활동의 육성·지원
4. 운동경기부와 선수의 육성·지원
5. 그 밖에 학교 체육의 진흥을 위하여 필요한 사항

제7조(직장 체육의 진흥을 위한 조치)
① 법 제10조제2항 및 제3항에 따라 체육동호인조직과 체육진흥관리위원회를 설치하고 체육지도자(체육동호인에게 생활체육을 지도할 수 있는 자격이 있는 체육지도자로 한정한다)를 두어야 하는 직장은 상시 근무하는 직장인이 1천명 이상인 국가기관과 공공단체로 한다.
② 법 제10조제4항에 따라 한 종목 이상의 운동경기부를 설치·운영하고 체육지도자(운동경기부의 선수에게 전문체육을 지도할 수 있는 자격이 있는 체육지도자로 한정한다)를 두어야 하는 공공기관 및 직장은 상시 근무하는 직장인이 1천명 이상인 공공기관(「공공기관의 운영에 관한 법률」에 따른 공공기관을 말한다. 이하 같다)과 공공단체로 한다.
③ 제1항이나 제2항에 해당하는 공공기관 및 직장이 지역을 달리하여 사무실이나 사업장을 가지고 있는 경우에는 체육지도자 및 운동경기부를 1개 이상의 사무실이나 사업장에 배치하거나 설치할 수 있다.
④ 시장·군수·구청장은 제1항부터 제3항까지에 해당하는 공공기관 및 직장이 다음 각 호의 어느 하나에 해당하는 경우에는 체육지도자의 배치 및 운동경기부의 설치를 면제할 수 있다.
   1.「공익법인의 설립·운영에 관한 법률」에 따른 공익법인으로서 자체수입보다 지원금, 찬조금 및 기부금 등 외부지원에 의존하여 운영되는 법인
   2. 제2항에 따른 공공기관과 공공단체 중 관계 중앙행정기관의 장이 문화체육관광부장관과 협의하여 인정하는 기관
   3. 그 밖에 경영 악화로 인한 인원 감축 등 직장 여건상 부득이한 사정이 있다고 시장·군수·구청장이 인정하는 공공기관 및 직장
⑤ 제1항과 제2항에 따른 공공기관 및 직장의 장은 운동경기부와 체육동호인조직의 활동을 위한 시설을 제공하고 필요한 경비를 지원하여야 하며, 연 1회 이상 직장체육대회와 직장대항 경기대회를

개최하여야 한다.

⑥ 제1항과 제2항에 따라 체육동호인조직과 운동경기부를 설치 · 운영하고 체육지도자를 둔 공공기관 및 직장의 장은 1개월 이내에 시장 · 군수 · 구청장에게 그 내용을 보고하여야 한다. 운동경기부와 체육동호인조직이 폐지 · 변경되었을 때에도 또한 같다.

제8조(체육지도자의 양성과 자질향상)

① 문화체육관광부장관은 법 제11조제1항에 따라 국민체육 진흥을 위한 체육지도자의 양성과 자질 향상을 위하여 다음 각 호의 시책을 마련하여야 한다.

  1. 국내외 교육기관이나 단체에의 위탁교육

  2. 체육지도자의 해외 파견과 국외 체육지도자의 국내 초빙강습

  3. 국외 체육계의 조사와 연구

  4. 체육지도자의 양성을 위한 연수

  5. 체육지도자에 대한 기술과 정보의 지원

  6. 그 밖에 체육지도자의 양성과 자질 향상을 위하여 필요한 시책

② 체육지도자의 자격은 18세 이상인 사람에게 부여한다.

제9조(스포츠지도사)

① 스포츠지도사는 1급 전문스포츠지도사, 2급 전문스포츠지도사, 1급 생활스포츠지도사, 2급 생활스포츠지도사로 구분한다.

② 1급 전문스포츠지도사는 별표 1에 따른 자격 종목의 2급 전문스포츠지도사 자격을 취득한 후 3년 이상 해당 자격 종목의 경기지도경력이 있는 사람으로서 동일 자격 종목에 대하여 1급 전문스포츠지도사 자격을 취득하기 위한 법 제11조제2항에 따른 체육지도자 자격검정(이하 "자격검정"이라 한다)에 합격하고, 법 제11조제2항에 따른 체육지도자 연수과정(이하 "연수과정"이라 한다)을 이수한 사람으로 한다.

③ 2급 전문스포츠지도사는 해당 자격 종목에 대하여 4년 이상의 경기경력이 있는 사람으로서 2급 전문스포츠지도사 자격을 취득하기 위한 자격검정에 합격하고, 연수과정을 이수한 사람으로 한다. 이 경우 다음 각 호의 어느 하나에 해당하는 사람에 대해서는 그 수업연한을 경기경력으로 본다.

  1. 「고등교육법」 제2조에 따른 학교에서 체육 분야에 관한 학문을 전공하고 졸업한 사람(졸업 예정자를 포함한다)이거나 법령에 따라 이와 같은 수준의 학력이 있다고 인정되는 사람

  2. 문화체육관광부장관이 인정하는 외국의 제1호에 해당하는 학교(학제 또는 교육과정으로 보아 제1호에 따른 학교와 같은 수준이거나 그 이상인 학교를 말한다)에서 체육 분야에 관한 학문을 전공하고 졸업한 사람

④ 제3항제1호에 해당하는 사람 중 법령에 그 수업연한에 관한 규정이 없는 사람에 대해서는 다음 각 호의 구분에 따른 수업연한을 경기경력으로 본다.

  1. 「고등교육법」 제2조제1호에 따른 대학을 졸업한 사람과 같은 수준의 학력이 있다고 인정되는

사람: 4년

2.「고등교육법」제2조제4호에 따른 전문대학을 졸업한 사람과 같은 수준의 학력이 있다고 인정되는 사람: 2년

⑤ 1급 생활스포츠지도사는 별표 1에 따른 자격 종목의 2급 생활스포츠지도사 자격을 취득한 후 3년 이상 해당 자격 종목의 지도경력이 있는 사람으로서 동일 자격 종목에 대하여 1급 생활스포츠지도사 자격을 취득하기 위한 자격검정에 합격하고, 연수과정을 이수한 사람으로 한다.

⑥ 2급 생활스포츠지도사는 2급 생활스포츠지도사 자격을 취득하기 위한 자격검정에 합격하고, 연수과정을 이수한 사람으로 한다.

제9조의2(건강운동관리사)

① 건강운동관리사는 다음 각 호의 어느 하나에 해당하는 사람으로서 건강운동관리사 자격을 취득하기 위한 자격검정에 합격하고, 연수과정을 이수한 사람으로 한다.

1.「고등교육법」제2조에 따른 학교에서 체육 분야에 관한 학문을 전공하고 졸업한 사람(졸업 예정자를 포함한다)이거나 법령에 따라 이와 같은 수준의 학력이 있다고 인정되는 사람

2. 문화체육관광부장관이 인정하는 외국의 제1호에 해당하는 학교(학제 또는 교육과정으로 보아 제1호에 따른 학교와 같은 수준이거나 그 이상인 학교를 말한다)에서 체육 분야에 관한 학문을 전공하고 졸업한 사람

② 건강운동관리사는 의사 또는 한의사가 의학적 검진을 통하여 건강증진 및 합병증 예방 등을 위하여 치료와 병행하여 운동이 필요하다고 인정하는 사람에 대해서는 의사 또는 한의사의 의뢰(「의료기사 등에 관한 법률 시행령」 별표 1 제3호가목1) 및 7)의 물리요법적 재활훈련 및 신체 교정운동 의뢰는 제외한다)를 받아 운동 수행방법을 지도ㆍ관리한다.

제9조의3(장애인스포츠지도사)

① 장애인스포츠지도사는 1급 장애인스포츠지도사, 2급 장애인스포츠지도사로 구분한다.

② 1급 장애인스포츠지도사는 별표 1에 따른 자격 종목의 2급 장애인스포츠지도사 자격을 취득한 후 3년 이상 해당 자격 종목의 지도경력이 있는 사람으로서 동일 자격 종목에 대하여 1급 장애인스포츠지도사 자격을 취득하기 위한 자격검정에 합격하고 연수과정을 이수한 사람으로 한다.

③ 2급 장애인스포츠지도사는 2급 장애인스포츠지도사 자격을 취득하기 위한 자격검정에 합격하고 연수과정을 이수한 사람으로 한다.

제9조의4(유소년스포츠지도사)

유소년스포츠지도사는 유소년스포츠지도사 자격을 취득하기 위한 자격검정에 합격하고 연수과정을 이수한 사람으로 한다.

제9조의5(노인스포츠지도사)

노인스포츠지도사는 노인스포츠지도사 자격을 취득하기 위한 자격검정에 합격하고 연수과정을
이수한 사람으로 한다.

제12조(선수와 체육지도자의 육성)

① 국가와 지방자치단체는 법 제14조제1항에 따라 체육장학제도의 마련, 직장의 알선, 장애연금
지급, 상해보험제도의 활용 등 선수와 체육지도자의 육성을 위한 대책을 마련해야 한다.

② 직장의 장은 그가 고용하는 선수와 체육지도자가 형의 선고나 징계에 따라 면직하는 경우를
제외하고는 그 신분을 보장하여야 한다.

③ 학교와 직장의 장은 그가 고용하고 있는 체육지도자에 대하여 문화체육관광부장관으로부터
국가대표선수의 지도를 위한 파견요청이 있는 경우에는 그 요청에 따라야 한다.

제13조(대한민국체육상 등)

① 국가는 법 제14조제2항에 따라 다음 각 호의 어느 하나에 해당하는 사람에게는 매년
대한민국체육상을 수여한다.

   1. 우수 선수로서 국민체육 발전에 뚜렷한 공적이 있는 사람

   2. 체육에 관한 연구에 뚜렷한 공적이 있는 사람

   3. 체육지도에 뚜렷한 공적이 있는 사람

   4. 그 밖에 국민체육 진흥에 뚜렷한 공적이 있는 사람

② 제1항에 따른 대한민국체육상의 수여에 필요한 사항은 문화체육관광부령으로 정한다.

③ 지방자치단체가 법 제14조제2항에 따라 시행하는 표창제도에 관하여 필요한 사항은 조례로
정한다.

제14조(우수 선수의 고용)

국가·지방자치단체 및 공공기관 외에 법 제14조제3항에 따라 우수 선수와 그 체육지도자(선수에게
전문체육을 지도할 수 있는 자격이 있는 체육지도자로 한정한다)를 고용하여야 하는 단체의 범위는
제7조제2항에 따라 운동경기부를 설치·운영하여야 하는 공공단체로 한다.

제16조(여가 체육의 육성)

국가와 지방자치단체는 법 제16조제1항에 따른 여가 체육의 육성과 지원을 위하여 다음 각 호의
시책을 마련하여야 한다.

   1. 레크리에이션의 지도와 보급

   2. 여가 체육 관련 단체의 육성과 지원

   3. 프로경기의 육성과 운영의 지도

   4. 경마·경륜 및 경정의 건전한 운영 지도

5. 그 밖에 여가 체육의 육성을 위하여 필요한 시책

제17조(체육 용구의 생산 장려)
① 법 제17조제1항에 따라 생산을 장려하여야 하는 체육 용구와 기자재(이하 "체육용구등"이라 한다)는 다음 각 호의 것 중 문화체육관광부장관이 산업통상자원부장관과 협의하여 정하는 것으로 한다.
　1. 국내외 각종 경기대회 경기종목에 사용되는 체육용구등
　2. 학교 체육에 사용되는 체육용구등
　3. 장애인 체육에 사용되는 체육용구등
　4. 그 밖에 국민체육 진흥을 위하여 필요한 체육용구등
② 국가와 지방자치단체는 체육용구등의 생산 장려를 위하여 다음 각 호의 조치를 하여야 한다.
　1. 체육용구등의 생산업체에 대한 융자알선과 자금지원
　2. 체육용구등의 생산업체에 대한 기술지원

제18조(자금의 융자 등)
① 법 제17조제2항과 제3항에 따른 자금의 융자에 필요한 사항은 문화체육관광부령으로 정한다. 이 경우 융자이율은 미리 기획재정부장관과 협의하여야 한다.
② 법 제17조제3항제4호에서 "대통령령으로 정하는 업종"이란 다음 각 호의 어느 하나에 해당하는 것을 말한다.
　1. 체육용구등의 품질향상을 위한 연구 · 개발 사업
　2. 체육용구등의 생산을 위한 원자재 구입 및 설비투자업
　3. 체육시설의 설치 및 개 · 보수업
　4. 체육 관련 용역 생산을 위한 설비투자업
　5. 체육 관련 용역의 상품화를 위한 연구 · 개발 사업
　6.「재난 및 안전관리 기본법」제3조제1호에 따른 재난으로 사업에 심각한 피해를 입은 「스포츠산업 진흥법」제2조제2호에 따른 스포츠산업으로서 문화체육관광부장관이 정하여 고시하는 업종

체육시설의 설치·이용에 관한 법률

제1조(목적)

이 법은 체육시설의 설치·이용을 장려하고, 체육시설업을 건전하게 발전시켜 국민의 건강 증진과 여가 선용(善用)에 이바지하는 것을 목적으로 한다.

제2조(정의)

이 법에서 사용하는 용어의 뜻은 다음과 같다.

1. "체육시설"이란 체육 활동에 지속적으로 이용되는 시설(정보처리 기술이나 기계장치를 이용한 가상의 운동경기 환경에서 실제 운동경기를 하는 것처럼 체험하는 시설을 포함한다. 다만,「게임산업진흥에 관한 법률」제2조제1호에 따른 게임물은 제외한다)과 그 부대시설을 말한다.

2. "체육시설업"이란 영리를 목적으로 체육시설을 설치·경영하거나 체육시설을 이용한 교습행위를 제공하는 업(業)을 말한다.

3. "체육시설업자"란 제19조제1항·제2항 또는 제20조에 따라 체육시설업을 등록하거나 신고한 자를 말한다.

4. "회원"이란 1년 이상의 기간을 정하여 체육시설업의 시설 또는 그 시설을 활용한 교습행위를 일반이용자보다 유리한 조건으로 우선적으로 이용하기로 체육시설업자(제12조에 따른 사업계획 승인을 받은 자를 포함한다)와 약정한 자를 말한다.

5. "일반이용자"란 1년 미만의 일정 기간을 정하여 체육시설의 이용 또는 그 시설을 활용한 교습행위의 대가(이하 "이용료"라 한다)를 내고 체육시설을 이용하거나 그 시설을 활용한 교습을 받기로 체육시설업자와 약정한 사람을 말한다.

제3조(체육시설의 종류)
체육시설의 종류는 운동 종목과 시설 형태에 따라 대통령령으로 정한다.

제5조(전문체육시설)
① 국가와 지방자치단체는 국내·외 경기대회의 개최와 선수 훈련 등에 필요한 운동장이나 체육관 등 체육시설을 대통령령으로 정하는 바에 따라 설치·운영하여야 한다.
② 제1항에 따른 체육관은 체육, 문화 및 청소년 활동 등 필요한 용도로 활용될 수 있도록 설치되어야 한다.
③ 제1항에 따른 체육시설의 사용을 촉진하기 위하여 지방자치단체는 「공유재산 및 물품 관리법」, 그 밖의 다른 법률의 규정에도 불구하고 그 사용료의 전부나 일부를 대통령령으로 정하는 바에 따라 감면할 수 있다.

제6조(생활체육시설)
① 국가와 지방자치단체는 국민이 거주지와 가까운 곳에서 쉽게 이용할 수 있는 생활체육시설을 대통령령으로 정하는 바에 따라 설치·운영하여야 한다.
② 제1항에 따른 생활체육시설을 운영하는 국가와 지방자치단체는 장애인이 생활체육시설을 쉽게 이용할 수 있도록 시설이나 기구를 마련하는 등의 필요한 시책을 강구하여야 한다.
③ 제1항에 따른 체육시설의 사용을 촉진하기 위하여 지방자치단체는 「공유재산 및 물품 관리법」, 그 밖의 다른 법률의 규정에도 불구하고 그 사용료의 전부나 일부를 대통령령으로 정하는 바에 따라 감면할 수 있다.

제7조(직장체육시설)
① 직장의 장은 직장인의 체육 활동에 필요한 체육시설을 설치·운영하여야 한다.
② 제1항에 따른 직장의 범위와 체육시설의 설치 기준은 대통령령으로 정한다.

제10조(체육시설업의 구분·종류)

① 체육시설업은 다음과 같이 구분한다.

  1. 등록 체육시설업 : 골프장업, 스키장업, 자동차 경주장업

  2. 신고 체육시설업 : 요트장업, 조정장업, 카누장업, 빙상장업, 승마장업, 종합 체육시설업,
수영장업, 체육도장업, 골프 연습장업, 체력단련장업, 당구장업, 썰매장업, 무도학원업, 무도장업,
야구장업, 가상체험 체육시설업, 체육교습업, 인공암벽장업

② 제1항 각 호에 따른 체육시설업(골프장업은 제외한다)은 그 종류별 범위와 회원 모집, 시설 규모,
운영 형태 등에 따라 그 세부 종류를 대통령령으로 정할 수 있다.

제23조(체육지도자의 배치)

① 체육시설업자는 문화체육관광부령으로 정하는 일정 규모 이상의 체육시설에 체육지도자를
배치하여야 한다.

② 제1항에 따른 체육지도자의 배치 기준에 관하여 필요한 사항은 문화체육관광부령으로 정한다.

제24조(안전·위생 기준 등)

① 체육시설업자는 이용자가 체육시설을 안전하고 쾌적하게 이용할 수 있도록 안전관리요원 배치와
임무, 수질 관리 및 보호 장구의 구비(具備) 등 문화체육관광부령으로 정하는 안전·위생 기준을
지켜야 한다.

② 체육시설업의 시설을 이용하는 자는 제1항의 안전·위생 기준에 따른 보호 장구를 착용하여야
한다.

③ 체육시설업자는 체육시설업의 시설을 이용하는 자가 제2항의 보호 장구 착용 의무를 준수하지
아니한 경우에는 그 체육시설 이용을 거절하거나 중지하게 할 수 있다.

제26조(보험 가입)

체육시설업자는 체육시설의 설치·운영과 관련되거나 그 체육시설 안에서 발생한 피해를 보상하기
위하여 문화체육관광부령으로 정하는 바에 따라 보험에 가입하여야 한다. 다만,
문화체육관광부령으로 정하는 소규모 체육시설업자인 경우에는 그러하지 아니하다.

주요 관련 사이트

- 대한체육회   http://www.sports.or.kr
- 국민체육진흥공단 http://www.kspo.or.kr
- 한국스포츠개발원 http://www.sports.re.kr
- 한국여자축구연맹 http://www.kwff.or.kr
- 한국유소년축구연맹 http://www.kyfa.kr
- 한국프로축구연맹 http://www.kleague.com
- 한국야구위원회 http://www.koreabaseball.com
- 한국체육학회 http://www.kahperd.or.kr
- 한국씨름연맹 http://www.ssireum.or.kr
- 대한농구협회 http://www.koreabasketball.or.kr
- 대한배구협회 http://www.kva.or.kr
- 대한야구협회 http://www.korea-baseball.com
- 대한축구협회 http://www.kfa.or.kr
- 한국대학배구연맹 http://www.gokuva.org
- 한국대학야구연맹 http://www.kubf-2012.or.kr
- 한국직장야구연맹 http://www.baseballkorea.org
- 한국대학축구연맹 http://www.kufc.or.kr
- 한국중고배구연맹 http://www.kmhv.com/
- 한국초등배구연맹 http://www.kpva.co.kr
- 전국배구연합회 http://volleyball.sportal.or.kr
- 한국비치발리볼연맹 http://www.kbeach.or.kr/
- 국민생활체육 전국배구연합회 http://volleyball.sportal.or.kr
- 국민생활체육 전국농구연합회 http://www.naba.or.kr
- 한국9인제배구연맹 http://cafe.daum.net/knvf
- 한국배구연맹 http://www.kovo.co.kr/
- 한국농구연맹 http://www.kbl.or.kr
- 한국리틀야구연맹 http://www.littleleague.co.kr
- 한국여자야구연맹 http://www.bak.net
- 한국여자프로농구연맹 http://www.wkbl.or.kr

- 스포츠 서울 http://www.sportsseoul.com/
- 스포츠 조선 http://sports.chosun.com/
- 일간 스포츠 http://ilgan.joins.com/generals
- 스포츠 월드 http://www.sportsworldi.com/
- 연합 뉴스 http://www.yonhapnews.co.kr
- 스포츠 한국 http://sports.hankooki.com
- 스포츠 경향 http://www.sportskhan.net
- KBS N Sports http://www.kbsn.co.kr/
- 스포츠 동아 http://sports.donga.com/
- MBC SPORTS+ http://www.mbcplus.com/sports/
- 문체부 http://www.mcst.go.kr
- 스포츠토토 http://www.sportstoto.co.kr

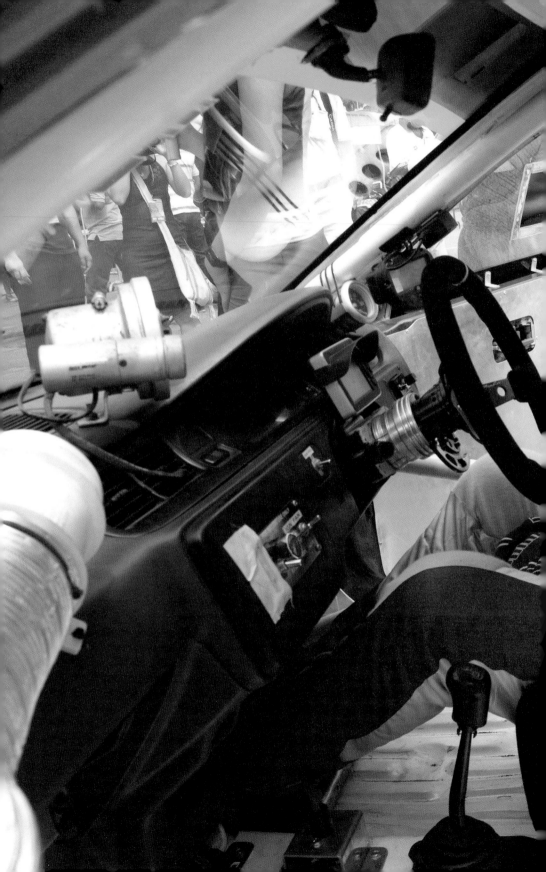

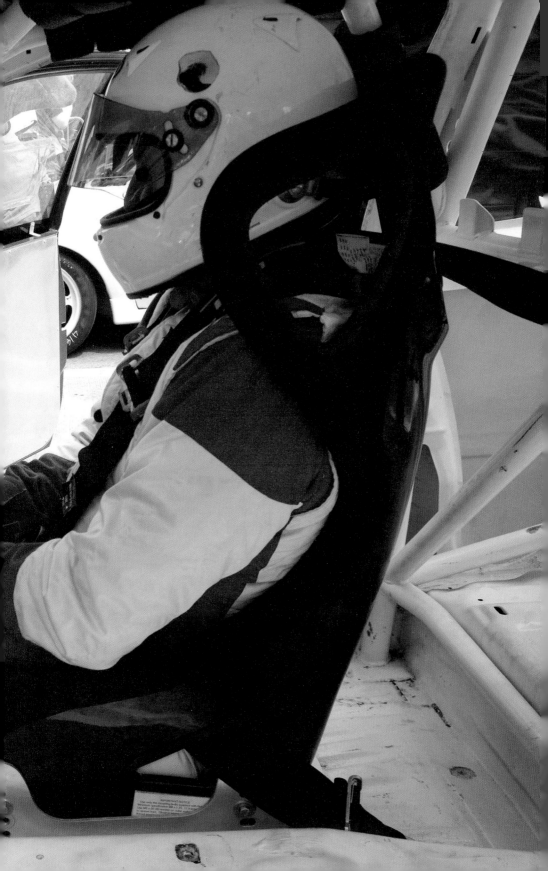

행복한 직업 찾기
나의 직업 스포츠인

초판 1쇄 인쇄 2014년 3월 14일

개정판 1쇄 인쇄 2022년 8월 25일
개정판 1쇄 발행 2022년 9월 5일

글　　　　｜꿈디자인LAB
펴 낸 곳 ｜동천출판
사　　진 ｜Pixabay. shutterstock.

등　　록 ｜2013년 4월 9일 제319-2013-25호
주　　소 ｜서울특별시 서초구 효령로 60길 15(서초동, 202호)
전화번호 ｜(02) 588 - 8485
팩　　스 ｜(02) 583 - 8480
전자우편 ｜dongcheon35@naver.com

값 18,000원
ISBN　　 979-11-85488-76-9 (44370)
　　　　 979-11-85488-05-9 (세트)

*잘못 만들어진 책은 구입하신 서점에서 바꿔 드립니다.